JN439119

묵혜 김민남 선생 미수(米壽) 기념문집

생각이 머무는 순간들

세종출판사

| 책을 내면서 |

'행동하는 지성인' 묵혜 선생의 열정 삶 관조하며 시대적 고뇌 기록했다

묵혜默惠 김민남金敏男 선생은 한국 현대사의 엄혹했던 시기, 양심을 걸고 진실을 찾으며 옳고 정의로운 일을 온몸으로 실천해 온 '행동하는 지성인知性人'이다. 선생은 대학 정년停年 후 20여 년, 미수米壽의 연치年齒에도 삶을 관조하며 시대적 고뇌를 기록하는 노년 시인·수필가로 살고 있다. 그건 역사 속의 진실을 깨우치고 있는 '사가史家의 삶'이다.

선생은 그동안 3권의 수상집隨想集을 내며, 그 글을 '시'와 '수필'로 분류했다. 그러나 그 수필의 폭과 깊이는 일상의 체험과 생각을 쓰는 수준을 넘어, 논리성·객관성을 완비한 사회비평에 가깝다. 그만큼 외관과 내용에서, 다분야에 걸친 깊은 사색과 넓은 지식을 바탕으로 정연한 역사인식과 냉철한 시대적 감수성을 제시하고 있다. 선생은 노년에도 내심에 글 쓸 공간을 마련, 그만의 생각과 주장을 쟁여

온 것이다. 선생은 그 노년 열정의 글을, 인터넷 언론 <시빅뉴스>에 <김민남의 생각이 멈추는 곳>이라는 표제로 4년여(2018~2022) 연재하기도 했다.

이 책 역시 그의 4년여 현실참여형 수상隨想을 묶은 시·수필집이다. 책에는 선생이 2020년 9월부터 2024년 8월까지 쓴 수필 39편과 동아일보 자유언론실천선언 50년 기념문집 기고문, 시 21편을 함께 묶었다. 이 책의 시와 수필에도, 이 시대의 굴곡과 일상적 삶에 대한 사유, 전 지구적 문제 및 한국 사회와 현실을 걱정하는 열정이 들불 같다.

선생의 '수필', 그 사회비평은 우선 주제가 선명하다. 그 노숙老熟한 연치의 결실인가, 일상의 삶을 관조하며 인간성 상실과 무질서한 사회현상을 걱정하는 글이 많다. <우리가 살아가는 모습, 어느 삶의 경우>에선, '인간의 한평생을 어떻게 사는 것이 삶의 보람이고 행복일까'를 물으며, '확실한 건 사람은 누구나 한 번밖에 살 수 없다'는 이치를 깨친다. <어머니는 쉬면 안 되는 줄 알았다>에선, 어릴 적 집안일에 온몸을 던진 어머니를 회상하며, '위대한 그 이름 어머니'를 되새기고.

<인생, 어떻게 살 것인가(1) 6.25 한국전쟁에 참전한 어

느 외국인 장군의 삶>, <인생, 어떻게 살 것인가(2) 어느 외국인 장군의 한국전쟁 참전> 같은 글은 6.25 전쟁기 부산 주둔 유엔군 군수사령관 리처드 위트컴 장군의 '한국인 보다 더 한국을 사랑한' 삶을 회고하며 장군의 조형물 제작 사업에 두루 '커피 두 잔 값'을 보탤 것을 호소한다. <아프리카 열대의 성자聖者, 슈바이처의 삶과 생애> 역시, 삶의 존귀한 가치를 되짚은 글이다.

현실정치에 대한 우려와 경고도 만만찮다. <권력은 늘 옷깃을 여며야 한다>, <인류 역사의 큰 물줄기를 바꾼 두 사건, 고대 로마의 영웅 카이사르와 폼페이우스의 대결과 일본의 8.15 항복>에서 전하는 메시지, '영원한 권력은 없다'는 것이다. 6.25전쟁을 계기 삼은 현실에의 경고도 주목했던 주제다. <6.25 한국전쟁의 비극, 대성산 꼭대기에서 만난 포병대砲兵隊 한 병사의 눈물 2>, <한국전쟁과 미국 군인>…, 전몰장병의 거룩한 희생을 기억하며, 우리가 점검해야 할 바를 새삼 일깨우는 글이다.

<삼성 반도체와 대만 TSMC와의 격차가 너무 벌어지고 있다>, <나라의 존망이 걸린 '저출생低出生'은 아직도 대책이 안 보인다>, <전공의 파업, 도대체 어떻게 하고 어디로 갈 것인가요?> 같은 글에선 그의 '나라 걱정'을 그대로 알

아차릴 수 있다. <내게는 이런 의사가 있어 행복하다>, 노년 질환에 시달리는 그를 보살피며 그의 얘기를 경청해 준 한 '전문의專聞醫'와의 인연을 기억한 글에선, '인간 김민남'의 순한 심성心性을 읽는 것 같아 그저 숙연하다.

그의 표현대로 '망구십望九十에 이르는 노인'이, 이만큼 '생각하는 힘'으로, 이만큼 탄탄하게 '표현하는 힘'을 발휘하기는 그리 쉬울 것인가. 그 연치에, 이만큼 한 사건·현상의 역사적 맥락을 더듬어, 이만큼 평가와 교훈을 남기기는 또 그리 쉬울 것인가. 그건 그가 걸어온 그 치열한 역사의식 및 기록정신, 그 경계 없는 이웃에의 사랑 및 사회에의 열정 없이는 감히 꿈꾸기 힘든 영역일 터다.

이처럼, 격변하는 환경 속 숙성한 경험으로 쓰는 글이니, 그 역사적 기록에의 의지와 열정은 얼마나 단단할 것이며, 시대의 고뇌와 삶의 흔적을 좇는 그 문맥 또한 얼마나 묵중하겠나. 일본 언론인 다치바나 다카시는 역저『자기 역사를 쓴다는 것』에서 강조했다. '개인의 역사는 곧 세계사'라고. 역사는 살아있는 사람들의 기록이고, 사람들은 기록을 통해 기억하며, 그 기억은 역사로 남는 것이다. 이 책 역시 한 개인의 역사를 넘어, 한국 사회와 전 지구적 현상을 들여다보며 한 시대의 사회사를 기록한 역사일 수 있을 터이다.

그의 미수米壽 맞이 기념문집을 묶으면서, 선생의 동문·제자 그룹이 함께 모였다. 선생이 대학 시절 참여했던 <동아대학보사>와, 선생이 모교에서 창설했던 사회학과·신문방송학과, 엄혹한 시절 넓은 품으로 보살폈던 총학생회 그룹이다. 그가 남다른 포용력과 인간에의 굳건한 믿음으로 이어온 그 끈끈한 인간관계의 인연이다. 문집 출간에 힘을 모아준 여러 동문과 출간을 축하해 준 박형준 부산광역시장, 미주리주립대 장원호 명예교수, 동아대 이해우 총장께 새삼 감사의 뜻을 전한다.

2024. 8. 31.

묵혜 김민남 선생 미수 기념문집 편집위원회의 뜻을 모아

차 용 범

| 축하의 글 |

시대를 꿰뚫는 참어른, 묵혜 김민남 교수님

박 형 준
(부산광역시장)

'눈 덮인 들판 걸어갈 때 어지럽게 함부로 걷지 말라. 오늘 남긴 내 발자국이 뒷사람의 이정표가 되리니.' 묵혜 김민남 교수님을 생각하면 항상 이 글귀가 떠오릅니다.

교수님은 1963년 동아대학교 재학 당시 6·3 항쟁으로 제적, 1975년 언론자유 운동으로 동아일보 기자 해직, 1980년 민주화 운동으로 동아대학교 교수 해직, 남들은 한 번 겪기도 힘든 큰일을 세 번이나 겪으셨습니다. 펜을 빼앗긴 기자, 교단에서 내몰린 선생, 그럼에도 시대의 폭압에 굴하지 않으셨던 교수님의 그 삶 자체가 하얀 눈밭에 가지런히 남은 뒷사람의 이정표라 할 것입니다.

교수님의 표정과 말투는 언제나 온화하셨습니다. 서슬

퍼런 격동의 현대사를 정면으로 부딪쳐 오신 분이 맞나 싶을 정도로 모두에게, 특히나 학생들에게 한없이 따뜻하고 다정한 분이셨습니다. 제가 몸담았던 동아대학교 사회학과를 만드신 분도 교수님이셨습니다. 학교에 있을 때 종종 교수님을 찾아뵙고 잔잔히 대화를 나누던 시간들이 귀한 기억으로 남아 있습니다.

겉으로 보이는 유순함 속에 감춰진 곧음과 강직함을 알기에 교수님을 깊이 존경했습니다. 그래서 지금도 부산 각계를 이끄는 지혜로운 리더 가운데 교수님의 제자분들이 그렇게 많으신가 봅니다. 큰 나무는 그 그늘도 멀리 간다는 말을 교수님의 삶에서 확인합니다.

교수님께서 이번에 네 번째 문집을 내시니 누구보다 반가운 마음입니다. 어른이 없는 시대라고 합니다만, 교수님은 글을 통해 이 시대에도 참어른이 형형히 살아있음을 보여주고 계십니다. 인간 존재의 본질, 공동체의 가치, 자연과의 조화 등 시대를 초월하는 보편적 주제를 다루면서도 우리 사회가 직면한 부조리와 문제점들을 날카롭게 조명하고 계십니다. 단순한 수필이나 문학 작품을 넘어 우리 사회가 안고 있는 근원적 문제에 대한 깊이 있는 성찰을 제시하십니다.

이미 세 권의 시집을 발간한 시인이신 교수님의 시를 함께 읽을 수 있어 이번 문집은 더 귀합니다. 땅속 깊은 곳에서 엄청난 압력과 고온을 견뎌낸 탄소가 다이아몬드가 되듯 교수님의 시는 그 자체로 삶의 정수입니다. 늘 손 닿는 곳 가까이에 이 책을 두고 마음의 고요와 지혜가 필요할 때마다 책장을 넘겨볼까 합니다.

이 문집을 읽으시는 모든 분께도 교수님의 깊은 통찰, 삶과 생명을 바라보는 따스함이 전해지기를 바라는 마음입니다. 미수를 맞으신 교수님께서 오래오래 건강한 모습으로 후학들에게 올바른 삶의 길을 보여주시길, 또한 간절히 바랍니다.

미수 기념문집을 출간하는 데 힘을 모아주신 차용범 편집위원장님과 여러 위원님께도 깊은 감사의 말씀을 전합니다.

2024. 8. 31.

| 축하의 글 |

‘언행일치 지성인’, ‘해야 할 일’에 노년 열정 쏟다

장 원 호
(미국 미주리주립대 저널리즘스쿨 명예교수)

“당신은 나이만큼 늙는 것이 아니라, 당신의 생각만큼 늙는 것이다.” 미국 대중문화계의 스타 조지 번스(George Burns, 1896-1996)의 말이다. 그는 나이 100세로 세상을 떠날 때까지, 남을 즐겁게 하는 일을 천직으로 삼았고, 그것을 삶의 보람으로 생각했다. ‘100세 시대’의 앞에서, 오래 사는 것보다 잘 늙는 게 중요한 시대, 오직 삶에서 해야 할 일에 집중한 정열적 삶의 중요성을 새삼 깨닫게 하는 말이다.

나의 동년배 묵혜默惠 심민남 교수. 그는 스스로 맡은 책무를 소중하게 여기며 열정을 갖고 매달리는, 그래서 선한 마음과 행동으로 주변을 밝게 빛내는 인물이다. 김 박사는 두루 알다시피, 한국 현대사의 엄혹했던 시기, 온몸으로 진실과 정의를 추구해 온 ‘행동하는 지성인’이다. 그가 미수米壽를 맞으며 삶을 관조하고 시대적 고뇌를 기록하는 글들을 모아 기념문집을 낸다는 것, 그건 자기 책무에의 확신과 열정 없이는 결코 성취할 수 있는 일이 아니다.

내가 존경하는 김민남 박사. 그는 젊었을 적부터 한국 사회의 정의를 소중하게 생각하며 온몸으로 투쟁했고, 고난 끝에 언론학 박사학위를 받고 후학을 양성하며 엄청난 업적을 남긴 분이다. 당시 '한국 신문의 최고봉'이라는 동아일보 기자로 언론 분야에 진출했다가, 언론자유 투쟁 끝에 해직당한 것, 다시 학문의 길을 찾아 동아대 교수의 삶을 개척하다 사회 민주화운동 끝에 해직당한 것, 그건 한 개인이 감내하기는 실로 어려운 역경이었을 것이다.

내가 김 박사를 만난 것은 그런 고난을 극복하고 교수직에 복귀했을 때다. 나는 김 박사 특유의 그런 명성을 듣고, 1997년 그를 미주리주립대 초빙교수로 초청, 1년을 함께 지낸 것이다. 당시 미주리주 컬럼비아에서 연구·연수 활동을 한 언론학자·언론인은 무려 15명. 김 박사는 마치 옛날 선비처럼, 골프도 안 치고 폭탄주 파티에도 빠지고, 오로지 조용히 연구생활에만 몰두했던 기억이 난다.

김 박사는 귀국 후에도 부산에서 고유의 연구·교수 활동과 함께, 시민사회 활동을 통해서도 높은 명성을 얻은 것으로 알고 있다. 그러는 사이, 김 박사도 화살처럼 빠른 나이는 붙잡지 못하고 연치를 쌓아갔고, 함께 건강도 걱정할 바가 많아진 것 같다. 근래 우리가 가끔이나마 만나지 못한 아쉬움도 컸다.

그러나 김 박사는 그 험한 환경에도 스스로 맡은 몫을 잊지 않은 것 같다. 특히 팔순八旬을 넘긴 노년에도 그만의 생각과 주장을 계속 글로 써왔다는 것, 그 글들을 신문에 연재하며 수상집 3권을 내고, 또 미수米壽 맞이 문집을 묶는다는 것, 그건 그 일을 '삶에서 해야 할 일'로 여기며 불굴의 열정을 불태워온 결실인 것 같다.

특히 그 글의 많은 부분은 그저 일상의 체험과 생각을 쓰는 수준을 넘어, 논리성·객관성을 완비한 사회비평에 가깝다는 평가를 받는다니, 그의 노년 '생각하는 힘'과 '표현하는 힘'은 그리 간단한 공력일 것이며, 그의 의지 역시 누구나 꿈꿀 수 있는 그런 영역일 것인가.

김민남 박사, 그는 평생 유지해 온 역사의식과 기록정신 위에, 그 '사가史家의 삶'을 가치 있는 책무로 여기며 주변에 선한 영향력을 퍼트려온 것 같다. 김 박사의 필생의 문집 『생각이 머무는 순간들』의 출간을 함께 기뻐하며, 그의 노년이 늘 건강하고 행복하기를 새삼 응원한다.

2024. 8. 31.

| 축하의 글 |

'동아대 대표 지성'의 통찰력, 이 시대 깊은 울림·지혜 줄 것

이 해 우
(동아대학교 총장)

김민남 교수님의 수필시집 『생각이 머무는 순간들』의 발간을 축하드립니다.

교수님께서는 우리 대학의 사회학과 및 신문방송학과(현, 미디어커뮤니케이션학과) 설립에 기여하셨고, 비서실장, 부총장 등 대학본부의 주요 보직을 역임하시며 학교를 위하여 오랫동안 헌신해 오신 분입니다. 교수님께서는 정년퇴임 후에도 꾸준하게, 시를 창작하고 수필을 집필하시며 후배 교수들에게 귀감이 되고 계십니다.

교수님께서는 또한 모교 재직 중 동아대학보사 편집인으로 계시면서 대학언론 창달에 각별한 애정을 쏟으셨던 것으로 알고 있습니다. 지금 동아대학보사는 시대를 앞서가는 다우

미디어센터로 탈바꿈하여 다양한 형식의 콘텐츠와 기획을 선보이고 있습니다. 우리 대학의 다우미디어센터가 디지털 시대를 맞아 통합의 트렌드를 앞서 갈 수 있었던 것도 교수님께서 확립하신 동아대학보사의 오랜 전통 위에서 가능했다고 생각합니다.

다시 한번 『생각이 머무는 순간들』의 발간을 축하드립니다. 동아대학교를 대표하는 지성인 김민남 교수님의 통찰력 있는 문장들은 많은 독자에게 깊은 울림을 주며 지혜를 깨우쳐 줄 것으로 믿습니다. 오랜 세월 모교의 발전에 많은 관심과 성원 보내 주신 점, 새삼 감사드리며 노후에도 가족과 더불어 항상 건강하시기를 기원합니다.

2024. 8. 31.

차례

제1부 수필

제2부 시詩

제3부 묵혜 선생과 나

제 1 부

수필

아프리카의 성녀聖女, 오드리 헵번

영화 <로마의 휴일>(Roman Holiday)에서 오드리 헵번(Audrey Hepburn 1929-1993, 벨기에)이 거장 윌리엄 와일러(William Wyler) 감독을 만난 건 인생의 큰 행운이었다. 그레고리 펙과의 열연으로 1954년 아카데미 여우주연상을 받은 오드리 헵번. <티파니에서 아침을(Breakfast at Tiffany's)>, <백만 달러의 사랑(How To Steal a Million)> 같은 여러 명작을 촬영했다.

당대의 이 여배우에게는 '미스터리'가 하나 있다. 은막을 걷어낸 그녀의 말년의 삶은 의외로 잘 알려지지 않았다는 것. 영화계의 샛별로 기대가 한창 부풀어 올라 있던 시기時期, 청순하고 가녀린 이미지의 이 세기적 여배우는 어느 날 갑자기 은막銀幕 생활을 접는다는 청천벽력靑天霹靂 같은 선언을 한다. 영화계에는 큰 충격이었다. 그녀에겐 참으로 쉽지 않은 결단이었을 것이다.

대부분 영화계 인사들의 반응은, 처음엔 시큰둥했다. "저러다 말겠지", "한 번 해보는 척하는 거겠지!" 말하자면 진짜 영화가 아니라 '쇼(show)'하는 걸로 본 것이다. 하지만 시간이 흐르면서 그게 아니었다. 오드리 헵번의 인생 후반부는 아프리카에서 시작된다. 인류에게 한 줄기 빛을 안겨준 그녀의 '제2의 인생'은 아프리카 오지奧地에서 모든 걸 혼자 감당하고 해내야 하는 험난하고 위험한 개척과 도전이었다.

에티오피아, 소말리아, 수단을 넘어 아시아의 방글라데시, 베트남에 이르기까지 그녀의 발길은 끝이 없는 듯했다. 헐벗고 굶주리는 어린이가 있는 곳에는 그녀의 따뜻한 손길이 머물지 않는 곳이 없었다. 그럼에도 오드리 헵번의 후반부 인생은 제대로 조명을 받지 못했다.

오드리 헵번의 아프리카 삶은 지금도 우리에게 '진행형進行形'이다. 오드리 헵번은 애석하게도 63세에 우리 곁을 떠나버렸다. 그러나 그녀의 삶은 63세, 그때에 멈춰져 있지 않다. 대부분 삶은 우리들이 지향하는 가치에서 수없이 겹치기 때문이다.

"제때 먹지 못하고 헐벗고 가난한 아이들은 한 지역, 한 나라에만 그치지 않는 '비극'이다." 그때도 그랬고 지금도 그렇다. 이런 아이들이 숨 쉬는 곳은 세상 끝이라도 그녀는 달려간다.

그녀는 말년에 유니세프(UNICEF) 홍보대사로 임명된다. 하지만 그녀는 교통비 조로 단돈 1달러만 받았다는 일화가 전해진다. 많은 아이 가슴 속에 그녀는 지금도 살아 있을 것이다. 내 마음속에선 더 오래, 어쩌면 영원히 남아 있을지 모른다.

나와 가치價値와 지향이 일치되는 부분이 적지 않다는 점만이 아니다. 아프리카 열대의 성자聖者 알버트 슈바이처(Albert Schweitzer)와 그녀는 어깨를 나란히 한다. 내 가슴에 그녀, 오드리 헵번이 오래 남아 있는 이유다. 슈바이처는 내가 대학 다닐 적에 친구의 형이 건네준 『성자 A. 슈바이처 일대기』를 통해 나에게 '큰 성자'로 읽혔다.

친구 형이 엄청나게 아낀 책이다. 그런데 내가 공안公安 당국에 쫓겨 다닐 때 누님 댁과 친구 하숙집에 숨겨두다가 어디론가 사라져 버렸다. 책을 다시 사서라도 저 하늘에 가지고 가서 형에게 꼭 갚아야 한다. 아버지 같은 형도 무척 좋아하시리라.

'성녀聖女 오드리 헵번'이 오늘 한국에서 탄생하는 순간이다. 나는 지금까지 그녀의 삶을 추적하고 다시 비추는 글을 지금도 이전에도 본 적이 없기 때문이다. 그래서 '성녀'의 탄생이다. 물론 나와 생각이 다른 분들도 적지 않을 것이다. 그래서 우리들 삶의 '지향志向'은 여기에 멈춰져 있어선 안 된다. 계속 미래로 진행형이다.

어린아이들에겐 죄가 없다. 어린아이들에게 가난과 고통이 멈춰 있다면 그건 좋은 세상이 아니다. 그녀에겐 비록 한때 끊어진 꿈일지라도, 우리에게는 아니다.

인류를 관통하는 우리들 삶의 가치 기준은 무엇일까. 인본주의(Humanism)와 가치지향價値志向, 두 개의 기둥이다. 사람은 태어나서 삶을 다할 때까지 자기실현自己實現의 꿈을 향해 끊임없이 달리고 노력한다. 어디서 내 삶의 보람을 찾을 것인가, 또 묻고 찾는다. 그게 지금의 우리들 삶이다.

당대의 찬란한 여배우 엘리자베스 테일러(Elizabeth Taylor)가 63세에 '요절'한 오드리 헵번의 장례식장에서 한 말이 있다. "우리는 오늘 세상에서 가장 착한 천사天使를 하늘에 잃었다." 하늘나라로 아까운 천사를 보냈다는 말이다. 엘리자베스 테일러의 이 한마디는 당시 세계를 감동시키고 천사의 이미지에 날개를 달아주었다. 2024. 7. 21.

이 가을에 부치는 작은 소망

9월, 가을이다. 하늘이 높고 바다가 잔잔한 가을이다.

태풍이 지나가고 2~3일, 그 위풍당당한 여름이 허무하게 무너지던 날, 소리 없이 가을이 얼굴을 내밀었다. 높은 하늘도, 하늘을 닮은 바다도 온통 밝고 맑은 쪽빛으로 곱게 물들었다. 푸른 하늘에 하얀 구름 몇 조각이 소리 없이 흘러가며 바다 위에 뜬 작은 그림자를 함께 끌고 어디론가 유유히 흘러가고 있다. 세상은 어지럽고 풍파가 잦아들지 않고 있지만 아침 바다는 한가롭고 여유가 묻어나는 한 때다.

아침저녁 소매 자락을 스치는 옅은 바람이 어느새 서늘한 기운을 몰고 온다. 나무들이 양쪽으로 늘어선 길에는 낙엽이 한두 잎 떨어지고, 그 길을 쓸어내는 분들의 얼굴에는 땀방울이 송골송골 맺히기 시작한다. 빗자루 끝에는 피로가 조금씩 쌓여가는 짙은 가을이다.

그 무더웠던 여름을 끌고 가는 이 계절을 나는 그냥 빈손으로 보낼 수 없다. 정치政治와 정치꾼들, 문빠, 명빠들에겐 좀 편치 않고 부담스럽지만, 몇 가지 당부만은 떠나가는 여름 끝자락에 담지 않을 수 없다. 수확의 계절을 선물하고 작별하는 이 여름에 작은 성의라도 보여야 하니까.

지난 2월부터 다시 우리들의 숨통을 틀어막고, 말문을 가로막고, 심지어 오고가는 우리네 인정人情마저 끊어버리는 코로나 19를 먼저 담았다.

거기에 업혀 경제 절벽을 교묘히 비켜가려는 부도덕하고 염치가 없는 정치세력들, 불통不通의 몇몇 언론들도 쓸어 담았다. 세월 따라 쌓여만 가는 민초民草들의 팍팍한 삶도 이참에 몽땅 담아 가라는 부탁도 잊지 않았다.

그래서 우리는 수확의 계절이 가져다주는 풍성함을 마음으로 만이라도 한껏 누렸으면 좋겠다. 비록 짧게 머물다 금방 떠나가 버리는 황당한 이 가을이지만.

부디 우리들의 이 자그만 소망所望이 코로나나 북핵北核, 독재권력, 잘못된 정치에 허물어지는 일이 없도록 감히 기도한다.

절박한 기도는 때로는 하늘에 닿기도 한다. 그 기도의 기적은 반드시 멀리 있지는 않을 것이다. 우리가 팍팍한 삶 속에서도 끈질긴 노력과 도전의 끈을 함부로 놓을 수 없는 것은 바로 이 때문이다.

며칠 전 친구가 보내준 글 한 토막은 이 아침 풍경 못지 않게 아름다운 '감동'이다. 한동안 생각을 멈추게 해서 이 가을 편지에 덧붙이기로 했다.

부모를 일찍 잃은 일곱 살 꼬마는 그를 돌봐주던 삼촌마저 공사장에서 크게 낙상落傷하는 불행을 안게 되었다. 의사가 어느 날 꼬마에게 "네 삼촌을 살릴 수 있는 사람은 하느님 밖에 없단다."고 말했다. 이 말을 들은 꼬마는 그가 가진 전 재산 1달러를 들고 그날부터 자그만 도시에 있는 모든 가게를 찾아다니면서 '1달러짜리 하느님'을 구하기 시작했다. 59번째 들른 가게에서 꼬마는 처음으로 자신을 제대로 상대해 주는 허름한 차림의 노인을 만나게 되었다.

"얘야, 하느님을 사서 뭣 하려고 하는데?"

"할아버지, 의사 선생님이 삼촌을 살릴 수 있는 사람은 하느님 밖에 없다고 해서요. 제가 가진 돈은 1달러밖에 없어요."

그러자 노인은, "아, 마침 잘 됐구나, 여기 1달러짜리 하느님이 있구나." 하면서 선반에서 '하느님 생명수'라는 드링크 하나를 건네주었다.

아이는 너무도 고맙고 기뻤다. 바로 병원으로 달려가서 삼촌에게 '1달러짜리 하느님'을 건넸고 삼촌은 그걸 마셨다.

그런데 기적이 일어났다. 그는 바로 병상에서 일어났다.

노인은 사실 미국 서부의 억만장자로 심심할 때는 그 가게에 나와 시간을 보내곤 했던 것이다. 이튿날 노인이 운영하는 병원의 의사들이 비행기를 타고 이 자그만 시골 도시의 병원으로 몰려와 아이의 삼촌을 진료하기 시작했다. 이 노인의 이름은 바로 억만장자 하워드 휴즈(H. Hughes, 1905, 미국)였다.

일곱 살 아이가 삼촌을 위해 하루 종일 가게를 찾은 건 결국 절실한 기도다. 이 기도가 억만장자 노인의 마음을 움직인 것이다.

기적은 멀리 있지 않다. 우리들의 마음속에 있다.

이 가을 하늘처럼 맑고 정갈한 마음속 말이다. 때로는 엄청난 힘을 품고….

올해는 내일모레 10월 1일이 겨레의 큰 명절名節 추석秋夕이다. 조상님께 제사 드리고 서로 즐겁게 나누고 베풀기도 하는 날이다.

그보다 모든 분들에게, 또 풍성한 수확을 안겨준 이 가을과 자연에게 감사感謝하는 계절이다. 이 감사를 마음에 새기는 날, 즉 명절名節이다.

2020. 9. 29.

우리가 살아가는 모습, 어느 삶의 경우

세상에는 기이(奇異 curious, paradoxical)하거나 또는 우리가 상상할 수 없는 이상異常한 일들이 너무도 많이 있다. 오늘은 며칠 전 신문(newspaper)에서 본 감동적인 얘기 한 토막을 전할까 한다. 얘기의 주인공은 일본인 형제다.

그 일본인(日本人 Japanese)들은 아사카와 다쿠미(淺川巧, 1891-1931)와 그의 형인 아사카와 노리타카(淺川伯教, 1884-1964)다.

형인 노리타카는 조선 도자기(Joseon Dynasty ceramics)에 푹 빠져서 지금부터 108년 전인 1913년에 서울 한 초등학교의 미술 교사로 부임해서 33년간 근무했다. 우리나라가 해방된 다음 해인 1946년에 일본으로 되돌아갔으니 기나긴 세월을 남의 나라에서 살았고 헌신했다.

그는 33년간 한국 전 지역의 도자기 굽는 가마터 700여 곳을 찾아다니면서 우리나라가 세계에 널리 자랑하는 백자(白瓷 white celadon)와 분청사기(粉靑沙器 grayish blue-powered celadon)의 제조 연대를 분류해 냈다. 그래서 노리타카는 한국인보다 한국 도자기를 더 사랑하고 더 깊이 연구한 "조선 도자기의 신神"으로 불렸다. 특히 그는 일본인들이 조선도자기, 즉 우리 문화재文化財를 어떻게 약탈해 갔는지, 또 부산요(釜山窯, 도자기를 굽는 부산의 가마)에서 만들어진 도자기가 어떻게 일본을 통해 전 세계로 수출 되었는지를 기록해두기도 했다. 그는 조선도자기의 명성을 다시 한번 세계에 알리는 전도사가 된 셈이다. 조선의 도자기를 분류한, 일부 도자기 역사를 정리한 셈이기도 하다.

동생 다쿠미는 24세 때인 1914년, 즉 지금부터 107년 전에 한국에 들어왔다. 조선왕조 말이자 대한제국大韓帝國이 몰락한 시기다. 일본제국이 사실상 한국을 식민지배하기 시작한 고종황제高宗皇帝 때이다. 형 노리타카의 권유로 일본에서 한국에 온 것이다.

그는 조선총독부朝鮮總督府 산림과 직원에 스스로 지원해 근무했다. 거의 황무지荒蕪地나 다름없던 한반도의 산림녹화운동山林綠化運動에 온몸을 바쳤다. 그는 일본 총독부 직원이면서도 일본 관리나 일본인들의 눈치도 보지 않았다. 그는 우리나라 전국을 돌아다니며 그 지역에 맞는 수종樹種을 고르고, 벌거벗은 붉은 민둥산을 울창하게 만들겠다고 마음먹은 것이 아닌가 싶다.

그 당시 우리 한국 사람들은 산에서 나무를 베어오거나

풀을 뜯어 말려서 땔감(연료)으로 사용했기 때문에 산은 사람의 대머리처럼 벌거벗겨져 있었다. 조금만 비가 내려도 홍수를 막을 길이 없었다.

그 후 우리가 오늘의 푸른 산을 다시 갖게 된 것은 초대 이승만 대통령 때부터 시작한 산림녹화운동이 박정희 대통령 때 본격적으로 가동돼 그 결실을 맺은 것이다.

이 두 형제兄弟는 지금은 서울에서 가까운 망우리 공동묘지(묘지번호 203363번)에 묻혀 있다. 혹시 '헌신적 삶'에 관심이 있는 분들이라면 언제라도 '현장'에 찾아가 보는 것도 무방할 거 같다.

그들은 역사적으로는 우리와는 사이가 좋지 않고 때로는 적대시敵對視하기까지 하는 일본인들이다. 하지만 한 평생을 다른 나라를 위해 온몸을 던진다는 건 참으로 쉽지 않을 뿐만 아니라, 어쩌면 '아름다운 삶'을 산 것이 아닐까.

그들은 한국에 처음 들어왔을 때 지금의 서울 청량리역 근처에 셋방을 얻어 살았다. 한복 바지저고리를 입고 완전히 한국인으로 살기를 선택한 사람들이었다.

현재 한국의 국공유 산림國公有 山林의 30%는 그들 공로功勞의 결과라고 보는 연구보고서도 나와 있다고 한다.

그들이 선택한 삶의 주제는 화려하지도 않고, 일반 사람들이 관심을 기울이는 분야도 아니다.

우리가 이 세상에 태어나서 주어진 한평생을 어떻게 사는 것이 삶의 보람이고 행복일까. 이건 누구나 스스로에게 자주 질문하는 문제다. 사람마다 차이가 있겠지만, 확실한 건 사람은 누구나 한 번밖에 살 수 없다는 것이다. 그래서 우리는 성공적인 삶이냐, 아니냐 여부에 관심을 가지기도 한다. 흔히 하루하루 최선을 다해서 열심히 성실히, 그리고 진실되게 살아야 한다는 것이 인생의 답이라고 한다. 하지만 그렇지 않는 경우도 적지 않으니 삶이란 참으로 어려운 문제다.

2021. 9. 26.

친구야, 지구가 몸살을 앓고 있는데, 원전原電은 멈추고, 탄소중립炭素中立을 외치고 있으니

때 아닌 8월 장마가 9월로 뻗치더니 다시 가을 길목까지 따라와 가을이 깊어지는 10월 중순을 넘기고 있네. 연 나흘째 비가 내리고 하늘이 찌푸리고 있네. 오늘 아침엔 한파寒波까지 몰려들어 겨울이 다가온 거 같네요.

아무래도 이 지구가 쉽게 몸살에서 벗어나지 못할 거 같소.

우리나라가 사랑하는 맑고 푸른 하늘이 어디로 달아난 것일까.

세계 도처에서 홍수, 가뭄, 남북극 해빙, 코로나 역병疫病 등 자연 재앙이 넘치고 있네요. 아프가니스탄에선 자기 동포에게 총을 겨누고 여성들을 학대하는 비극이 멈추지 않고 전 세계 언론들마저 점점 관심을 버리고 있네. 그들을 구해줄 천사天使는 언제쯤 당도當到할까. 미국, 중국, 러시아, EU 어디에도 아직 기미가 나타나지 않고 있어 안타깝네요.

이 시대의 아픔인가, 지구의 몸살인가. 친구, 당신은 혹시 알고 있나요.

지난 여름 폭염과 돌출성 코로나, 경기도 성남시 대장동의 수천 억 특혜 의혹 등이 가뜩이나 팍팍하고 힘들어하는 서민들의 고통을 부채질하고 있네요. 그렇다고 정부나 수사당국이 국민의 분통을 가라앉혀줄 것 같지도 않소. 이런 희한한 일은 듣지도 보지도 못했네요.

나라가 어디로 가고 있는지…. 팔순八旬을 넘기고 있는 친구, 당신도 마찬가지 아니겠소.

지난 8월엔 때 아닌 굵다란 장대비가 이 산골을 덮쳐 골짜기 개울물이 자갈길을 휩쓸고 나이아가라(Niagara) 폭포처럼 우렁찬 굉음轟音을 뿜어내면서 산골을 집어삼킬 듯했다오. 가을이 깊어가는 오늘, 귀하지도 않은 비가 또 내리고 한파가 휘몰아치고 있어 견디기 힘드네요. 평화로운 가을 하늘을 앗아가고 있어도 속수무책.

우리나라 에너지 정책을 다시 한번 짚어보지 않을 수가

없네요. 2050년까지 정부 당국의 탄소중립 목표달성 계획, 원전原電을 제치고, 재생에너지 70%라는 이 정책, 이룰 수만 있다면 얼마나 좋겠소만, 어느 신문칼럼처럼 믿거나 말거나지. 선거가 곧 있으니 다음 정부에 기대해 볼 수나 있을까요.

높고 푸르고 맑은 가을 하늘은 우리 자손 대대로 누려야 할 귀중한 자산資産이요 또한 권리 아닌가요.

친구야, 실은 푸른 저 하늘보다 더 시급한 '가치'가 우리 앞에 놓여있는 건 알고 있겠지요. 이 땅에서 70년 넘게 누리고 키우고 지켜온 이 자유로운 삶과, 저 무도無道하고 5천만 국민의 생명을 위협하는 북핵北核으로부터의 '자유'를 되찾는 일 말일세. '비핵화' 대북정책은 이 자유와 국민 기대에선 한참 멀어진 거 같소.

지금 대통령 되겠다고 나선 후보들이 공약과 '의지意志'로 보아 이 과업을 이뤄낼 수 있을는지, 그래서 이번 선거가 우리 국민들의 시선이 끝까지 멈춰 있어야 할 막중한 선거가 되고 있는 거 같소.

나흘 후면 가을 하늘을 더 찬란하게 비출 시월(10월) 보름달이 약속돼 있지요. 밝고 둥근 달을 보면 새삼 친구 얼굴이 떠오르겠네요.

우리들의 좋은 시절, 값진 하루, 세상에서 가장 고귀한 가족들과의 즐거운 저녁, 그리고 아름다운 나라, 이건 누구에게도 양보할 수 없는 지고至高의 영역이자 하늘이 준 천부天賦의 자유自由요, 권리지요. 이를 지키기 위해 우리는 엄청난 대가를 치렀지요. 늘 기도하는 자세를 잃지 않아야 하겠지요.

아니 우리 같이 기도합시다. 하늘이 결코 무심하지 않도록.

그러고 보니 지구만이 아니라 이 나라도 몸살을 앓고 있네요.

이만 줄이고, 다음 또 만나기로 하세.

2021. 10. 16.

작은 거인巨人의 큰 꿈
– 경주 마하보디선원 창건 혜조 스님 8주기

법명法名은 냐나로까 또는 혜조慧照, 속명俗名은 이호종李昊鍾, 제주 출생으로 어릴 때 부모님 따라 부산으로 이주해 거기서 오래 살았다.

고려대 학부와 대학원을 마치고 바로 국민의 98%가 불교도인 미얀마로 건너갔다. 뭔가 번개 같은 느낌이 없이는 그렇게 쉽게 결단을 내릴 수 없었을 것이다. 미얀마 내륙의 오지 딴따마라니선원에서 10년 넘게 수행, 계戒를 받고 적갈색 가사를 입고 한국으로 돌아왔다.

냐나로끼 스님은 한국테라와다종단 창립에 참여한 스님 중의 한 분으로 당시 운영위원장을 맡기도 했다. 오늘이 스님의 8주기다. 그는 한마디로 한국에 수행 중심의 불교 종단宗團을 설립, 부처님의 초기 근본 불교 정신을 이 땅에 세우고자 짧은 한 생을 바친 분이다.

테라와다종단은 조계종 등 여타 종단과는 종교적 목표와 수행 방법, 과정 등이 좀 특이하다고 하겠다. '위빠사나' 수행을 근간으로, 불교 공부의 중심을 마음과 몸의 수련에 두고, 궁극적으로 깨달음에 이르고자 한다. 깨달음은 '사띠'라고 하는데, 곧 해탈의 전前 과정쯤 된다고 할까.

혜조 스님은 한국 불교 천년의 역사와 문화가 살아 숨 쉬는 경주의 내남면 박달리 깊숙한 산골에 널찍이 터를 잡았다. 규모가 비교적 큰 본당, 즉 대웅전에 이어 공양간과 수행자가 머물 요사채를 짓는데 전심전력을 기울였다. 전국의 여러 인연을 살려내 그분들의 보시布施를 이끌어냈다.

이때 스님을 도와 선원을 일구는데 물심양면으로 헌신한 보살들이 있다. 김정옥, 최보광월, 김도희, 수빤나 이영희, 진각성 이의자 등 보살들이다. 일가친척들, 특히 큰누님이 큰 몫을 한 것으로 알고 있다. 마하보디 선원은 전국의 수백 명 보시가 모여 탄생된 수행 도량이다.

이들 보살들은 이후 지금까지 선원 운영과 유지에도 꾸준히 공덕을 쌓고 있다. 아무튼 경주 '마하보디선원(禪院)'은 이런 어려운 고비와 과정을 거쳐 창건, 오늘에 이르고 있다.

2021. 11.

크리스마스트리, 801-802병동

며칠 전부터 801-802, 두 병동 간호사실에 자그만 크리스마스트리가 반짝이기 시작했다. 왜 거기만 크리스마스트리가 있는지, 그 이유는 잘 모른다.

어릴 때 기억이 아직도 떠오른다. 시골 마을 새벽녘에 찬송가 소리에 잠을 깼다. “고요한 밤 거룩한 밤…” 예수님 탄생을 기리는 노래다. 그 후 초등학교 동기생 따라 몇 번 교회에 나갔다. 집과 교회 간 거리가 멀어 교회 출석이 힘들었다. 시나브로 교회 가는 걸음이 내게서 떨어져 나갔다.

1945년 해방으로부터 50여 년이 지난 97년, 미국 미주리 주립대로 갔다. 당시 그 대학 교수였던 장원호 박사의 도움을 많이 받았다

거기서 캠퍼스 목사(Rev. Campus) 주니어 마크(J. Marker)

선생을 만난 건 행운이었다. 마크가 연이 되어 어느 70대 노부부를 만났다. 영문 성경을 공부하면서 그들의 깊은 신앙심을 읽었다. 간혹은 호두파이나 커피도 함께 했다. 수업료는 절대 거절이다. 커피값으로 수업료를 대신하는 것도 절대 사절이다. 영어 성경공부를 끝내고 노부부가 커피를 사면 다음은 내가 대접하는 식이다.

하지만 영어공부는 '공염불'로 끝났다. 영어 원문은 눈이 따라가는데, 말은 입안에서만 헛돈다. 나이 들어 남의 나라 말을 배우는 건 이토록 어렵구나, 절감한다. 귀국 후 손자·손녀와 짧은 영어문장을 주고받았다. 그런데 나하고는 하늘과 땅 사이다. 엄청 큰 차이다. 손자·손녀는 영어 한두 마디는 식은 죽 먹기로 한다. 박사 교수 할아버지가 너무 부끄럽다. 우리 영어교육이 아직도 허우적거리고 있어 조금은 걱정이 안 될 수 없다.

나는 1년 후 귀국했다. 노부부와 짧은 문자로 안부를 주고받았지만 지금은 그들의 안부를 알 길이 없다. 마크 목사는 다른 주州로 옮겼다. 두 분과 그들 가족의 건강을 기도할 뿐이다.

요즘은 어느 권사님이 주신 성경으로 혼자 공부한다. '주기도문'과 '사도신경'을 외우고 있지만 진척이 신통찮다. 나이 드니 '똘똘한 기억력'은 어디론가 날아가고 몸만 덩그렇다. 허리·다리가 몸을 받쳐 주지 못한다. 이젠 몸이 어디까지 따라올 지 가늠할 수가 없다.

여류작가 박완서의 말대로 "어느 날부터 내 몸은 삐치기 시작한다. 젊을 때는 그렇게나 고분고분하던 몸이 말을 듣지 않는다. 어찌 할 수가 없다."

결국 지팡이에 몸을 실었다. 활동 범위도 대폭 줄었다. 광안리 앞 바다 회센터에서 출발, 테트라포드에서 꺾어 민락 어촌계의 어항까지다. 요즘은 다시 해운대로 돌아왔다. 하지만 내가 아무리 몸부림 쳐봐야 '손오공의 부처님 손바닥'이다. 지금은 아파트 숲길에서 헤맨다. 활동량이나 폭은 더 줄여야 했다.

다시 소설가 박완서를 소환한다. 어느새 지팡이는 '나의 둘도 없는 친구'가 되었다.

2021. 12. 13.

어느 장애소녀의 기도

소녀는 소아마비(?)로 왼쪽 팔이 굳어 있었다. 오른쪽 손으로만 모든 일을 처리한다. 빨간 휴대폰도 언제나 오른쪽 손에 들려있다. 얼굴엔 아무런 표정이 없다. 무표정이다.

100m 거리의 병원 복도에는 언제나 환자들이 넘쳐난다. 모두 열심히 걷는다. 하루라도 빨리 회복해서 다시 일터로 나가거나 집으로 돌아가고 싶은 마음들이다.

소녀는 하루 3번씩 10바퀴 정도를 도는 듯하다. 한 번도 걷지 않는 날은 없다. 왜냐하면 나도 하루에 3-4번은 걷기 때문이다. 안 걸으면 우선 병원밥이 맛이 없다.

15-16세쯤의 그 소녀는 운동이 끝나면 바로 자기 병실로 들어가 나오지 않는다. 걸을 때만 복도에 보인다. 그 어린 딸을 입원 시켜놓고 부모나 형제자매, 할머니·할아버지가 병문안 한 번 안 오는 걸 보면 어쩌면 집에 돌아가도 더 외

로울 거 같다. 참 안쓰럽다. 마음이 아프다.

그런데 어느 날 기적 같은 일이 있었다. 퇴원하는지, 집에 다녀오는지 그녀의 어깨에 빨간 가방이 걸쳐있다. 어느 순간 얼굴에 잔잔한 미소가 떠오르는 걸 봤다. 그래 그렇다. 소녀가 그 미소처럼 앞으로도 세상을 아름답고 굳세게 살아가달라고 마음으로 기도했다. 복도가 더 밝아지는 것 같다. 소녀가 비록 한쪽 팔은 말을 안 듣지만 그날의 미소처럼 꾸김없이 세상을 헤쳐가리라 나는 믿는다. 하루도 빠짐없이 나는 이름 모를 그 소녀를 위해 기도한다.

2021. 12. 15.

잃어버린 들에도 봄은 오는가

지난 4일 입춘立春에 이어 19일 우수雨水가 대지大地를 적시면 우리는 봄이 오는 길목에 들어선다.

계절이 데리고 오는 그윽한 '봄소리'를 우리는 들을 수 있다. 봄이 오는 소리는 산천山川과 들녘을 연초록 색깔로 바꾸고 고운 노래까지 싣고 다가온다.

그러나 지금은 착시錯視요 착각이다. "빼앗긴 들에도 봄은 오는가." 1926년 식민지 시인 이상화李相和의 큰 목소리엔 이렇게 절박함과 나라 걱정 그리고 나라 빼앗긴 슬픈 시심詩心이 담겨 있었다.

올해 봄은 아직 진정한 봄으로 다가오지 않는다. 시인의 절박한 감수성이 날아가 버린 것인지, 아니면 '3.9 대선'의 고개를 시인이 넘기가 벅차서인지, 때가 여물지 않은 것인지 봄은 저만치서 '거리 두기'에 묶여 멈춰서 있다.

그러나 희망의 불씨가 사그라진 건 아니다. 우리의 찬란한 봄은 늘 소리 없이 우리 곁에 몰래 찾아 왔다. 우리가 아직 그 소리를 듣지 못하고 있을 뿐이다. 아니 그 소리를 전해줄 시인이, '쉷은 굽이'에 숨이 차서 아직 여기 당도하지 못하고 있는 것이다.

잃어버린 산천과 들판에도 봄은 분명 온다. 이미 와 있는지도 모른다. 우리 모두 그 힘든 고개를 열어주자. 시인은 고갯마루로 올라오고 있다.

그 고갯마루를 열 수 있는 '열쇠'를, 정치나 정치인이 아니라 우리가 갖고 있다는 게 얼마나 다행이고 행복인가.

2022. 2. 12.

우크라이나 전쟁은 벌써 잊혀 가는가

유엔(UN)의 무기력 앞에, 또 강대국의 재빠른 국익 대차대조표 앞에 우크라이나 국민들은 울고 싶을 것이다. 그러나 그들은 눈물대신 총을 들었다.

볼로디미르 젤렌스키와 블라디미르 푸틴이 선택한 선善과 악惡의 거리가 천양지차天壤之差로 보인다고 하면 지나친 주관일까. 지난 2월 24일 러시아가 우크라이나 침략을 감행한 뒤 전쟁은 50여 일째다. 이틀 만에 항복을 받아내려던 푸틴의 '도박'은 일단 처참하게 실패한 것으로 보인다.

전쟁이 이렇게 장기전으로 가면 러시아군의 전사자(戰死者, 현재 7천~1만 5천 명으로 추산) 증가와 경제적 타격 등으로 푸틴 대통령은 자신의 권력기반이 흔들리는 위험을 감수해야 한다.

그러나 우크라이나 피해는 이런 수준이 아니다. 국가 존

폐와 국민 생존이 걸린 절박한 문제다. 전 국토가 거의 폐허로 변하고 있다.

그래도 지금 우크라이나는 대통령을 중심으로 전 국민이 뭉쳐서 결사항전決死抗戰하고 있다. 서방을 비롯해서 전 세계가 우크라이나를 지원하고 있는 것도 바로 이 때문이다.

하지만 우크라이나 상황은 한마디로 비극 그 자체다. 러시아의 무자비하고 무차별적인 폭격, 포격, 총격으로 여러 도시가 거의 황무지가 되고 있다. 인명피해와 경제적 손실은 헤아리기조차 어렵다.

특히 수도 키이우 부근 소도시 부차 등지에서는 지난 3일 러시아군이 민간인들을 집단학살, 전 세계가 분노로 들끓고 있다. 손이 뒤로 묶인 채 머리에 총격당한 시신을 비롯, 400구 넘는 시신이 수습되었다. 인근 도시에도 이런 비극이 계속되고 있다.

더구나 러시아의 국력, 점단부기, 푸틴의 행태 등으로 보아 전쟁은 언제 끝날지도 모른다. 우크라이나 국토가 거의 '빈사상태'가 되고 있지만 러시아의 민간인 학살은 멈추지 않고 있다.

인간을 '혁명'과 통치 수단으로 여기는 과거 공산주의 독재자 스탈린의 망령이 다시 모스크바 하늘에 떠도는 듯하다.

전쟁의 최대 피해자는 역시 어린이, 여자, 노인들이다. 우리를 더욱 슬프게 하는 대목이다.

1950년 북한 남침에 의한 6.25 한국전쟁의 참상 그대로다. 그래도 그때는 유엔 16개 나라가 참전, 북한과 중국을 막아줬다.

지금 우크라이나는 미국, EU, 영국, 프랑스, 일본과 한국 등 세계 많은 나라들로부터 전쟁물자나 생필품 등의 지원을 받고 있다. 4월 19일에는 조 바이든 미국 대통령이 가까운 폴란드까지 와서 우크라이나를 격려했고, 어제는 영국의 보리스 존슨 총리가 포탄이 난무하는 수도 키이우를 방문, 젤렌스키 대통령과 직접 회담하고 지원을 약속했다.

하지만 딱 여기까지다. 나토 등 서방 국가들이 총칼을 들고 비행기를 몰고 와 '몸'으로 러시아군을 막아주지는 않는다.

러시아의 이번 침략전쟁은 지구상의 하고많은 전쟁과는 달리 세계의 이목을 집중시키고 있다. 왜 그럴까. 좀 한가한 얘기지만 여기서 몇 가지 이유만 살펴본다.

첫째, 러시아군의 민간인 학살과 선을 넘은 푸틴의 야욕이다. 21세기 인류사회에서는 강대국이 군사력을 앞세워 이웃 나라를 침략, 지배하겠다는 욕심은 절대 용납될 수 없다. 그런 경우도 없었다. 야만적 행위일 뿐만 아니라 국제법상 전쟁범죄다. 세계는 조지 오웰의 『동물농장』의 세계가 아니다. 작은 나라, 힘없는 국가도 설 자리를 가질 권리(주권)가 있다.

둘째, 약소국이라도 자기 나라는 자기가 지켜야 한다는 국방 의지와 안보의식은 확고히 가져야 한다는 경고警告다. 자기 나라를 지키려는 의지가 없는데 누가 지켜주려고 나서겠는가. 우크라이나는 이런 국민적 국방 의지를 확고하게 보여주고 있다. 다만 동맹국이 없다. 우크라이나는 줄기차게 나토(NATO)에 가입하려고 했지만, 독일과 영국 등의 반대로 뜻을 이루지 못했다.

지금 우리나라가 처한 현실도 녹록치 않다. 핵무기와 미사일 등을 개발한 북한을 머리에 두고 있다. 북한에 아무리 평화롭게 지내자고 사정을 해도 눈도 깜짝하지 않는다. 그들은 지금 미국만 상대하겠다는 것이다. 북한은 핵核과 미사일을 갖기 이전엔 이렇게 불통不通하지는 않았다.

북한 리스크(risk)와 함께 우리는 중국과 일본, 러시아 등 과거에 침략과 식민지 지배 역사를 가진 강대국들을 사방에 끼고 있는 지정학적 불운을 안고 있다.

그리고 우리에게는 지금 핵이 없다. 핵을 개발할 능력은 갖고 있지만 그렇게 할 수 없는 처지다. 국민 스스로가 나라를 지켜야 한다는 국방-안보 의지는 최소한이나마 가지고 있긴 하다. 미국과 동맹도 맺고 있다. 그나마 큰 다행이다.

하지만 여기서 멈출 일은 아니다. 북한과 대등한 무력 체계를 갖추지 않는 한, 북한이 한국을 '내려다보는' 도발이나 고압적 태도는 앞으로도 지속될 것이다. 평화는 구걸로 보장되지 않는다. 미국이 언제까지나 한국을 지켜준다는 보장도 없다.

푸틴은 지금 첨단무기까지 동원, 민간인 학살과 병원, 주거지역, 학교, 유치원 등 가리지 않고 파괴하고 있다. 심지어 용병까지 동원하고 있다. 우크라이나 국민을 얼마나 살상해야 이 전쟁을 끝낼지도 알 수 없다.

국내적으론 그는 수많은 정적들을 제거하고 언론을 한 손에 움켜쥐고 무려 27년간이나 독재를 펼쳐왔다. 측근 참모들이나 그와 이해利害를 같이하는 '올리가르히(푸틴과 유착하여 신흥 거부巨富가 된 재벌)'도, 심지어 군 지휘부조차도 직언을 못하는 처지다.

푸틴은 문명사회에서 보기 어려운 잔혹한 21세기 독재자다. 3대 세습에 70년 정권을 버텨오는 북한을 제외하고는, 이 세기 들어 가장 장기 독재자의 한 사람이다.

볼로디미르 젤렌스키(Volodymyr Zelensky) 우크라이나 대통령과 블라디미르 푸틴(Vladimir Putin) 러시아 대통령. 이들 대통령의 두 나라는 9-10세기 드니프로강 연안의 우크라이나 수도 키예프 공국公國에서 출발했다. 즉, 뿌리가 하나라는 얘기다. 문화를 공유한다. 모두 슬라브족이다. 1991년 소비에트연방이 해체되기 전에는 소련연방의 한 구성국이었다. 푸틴은 이런 역사도 전혀 안중에 없다.

러시아는 유엔 인권이사회에서도 쫓겨났다. 그래도 상임이사국이라 유엔조차도 아무런 역할을 못하고 있다고 교황敎皇마저 개탄했다.

여기에 전체주의 독재국가 중국과 북한이 러시아 편에 서있다. 인도는 '중립'을 선언한 처지다. 정의나 공정이 선악의 판단 기준이 아니라 낡은 이념이나 단기적 국익이 기준이 되고 있는 셈이다.

결국 세계질서는 '무력武力'의 크기에 따라 '고무줄'로

재편되고 있는 것 같다. 러시아는 94년 크림반도 병합에 이어 두 번째 침략전쟁을 아무 거리낌 없이 강행하고 있다. 이웃을 잘못 만난 우크라이나와 국민들이 안타깝다.

묘하게도 퍼스트 네임(first name)이 비슷한 두 대통령, 그런데도 그들이 선택한 길은 천양지차天壤之差다. 선善과 악惡이 하늘과 땅이다. 훗날 역사의 심판도 천국과 지옥의 거리가 아닐까. 푸틴에게는 이런 메시지가 아무런 의미가 없을 테지만.

우리는, 특히 정치인들은 이참에 중국, 북한을 또 한 번 살펴보고, 우리 자신도 돌아봐야 한다.

우크라이나 전쟁을 주제로 두 번째 이 글을 쓴 이유이기도 하다.

2022. 4. 12.

아프리카 열대의 성자聖者, 슈바이처의 삶과 생애

어제는 100번째 '어린이날'이자 절기節期로는 입하立夏다. 여름철로 접어든다는 말이다.

무더운 우리의 여름보다 두 배나 더 뜨거운 아프리카 열대의 오지奧地. 나는 오늘 거기서 가난하고 헐벗은 사람들을 위해 한평생을 바쳐 헌신, 봉사한 20세기의 성인聖人으로 불리는 알버트 슈바이처(Albert Schweitzer, 1875. 1. 14.-1965. 9. 4.)의 삶 속으로 들어가 보려고 한다. 그는 인류애적 헌신으로 1952년 노벨평화상을 받았다

윤석열尹錫悅 새 대통령이 곧 취임하고, 문 대통령이 물러난다. 좀 매끄럽지 못한 퇴임 과정, '검수완박', 코로나 등 다소 어지러운 정치판 세상에서 잠시 눈을 돌려 한숨 쉬어 가는 건 어떨까 싶어서다.

앞서 정치권력을 바꾼 3.9 대통령 선거, 민주당이 주도한 '검수완박' 파동과 6.1전국동시지방선거를 앞두고 있다. 하루하루 팍팍하고 고단하게 살아가는 일반 국민들은 이런 정치 경험으로 좀 어지럽고, 정신을 가다듬기 어렵고, 때로는 너무 힘들게 된다.

특히 국민의 뜻을 물어볼 기회조차 주지 않고 국민들의 삶에 지대至大한 영향을 미치는 이른바 '검수완박檢搜完剝', 즉 검찰이 가지고 있는 수사권을 완전 박탈하는 민주당의 일방적 '법' 처리는 더욱 그럴 것이다. 지난 몇 달은 '정치'가 우리 일상을 거의 지배하다시피 했다.

다시 슈바이처로 돌아간다. 그는 내가 어릴 적 교과서에서 읽은 알퐁스 도데의 '마지막 수업'에 나오는 프랑스와 독일의 경계선 알자스지방 레옹에서 태어난 독일계 프랑스인이다. 목사, 신학자와 신학박사, 음악가와 음악학자, 문학가, 선교사, 의사, 교수와 사상가, 철학박사이기도 하다. 음악학자로서의 저작도 만만치 않다. 또 그의 사상은 놀랍게도 현대의 실존적 휴머니즘에 닿아있다.

특히 음악가 바흐(J. S. Bach 1685-1750, 독일)의 오르간곡 연주와 그에 대한 연구는 어느 누구도 그의 수준을 넘기가 어려울 정도다.

그러나 슈바이처는 인생 중반 이후의 생애를 아프리카에 바치기 위해 7년간 다시 의학을 전공, 의사의 길을 택했다. 유럽에서 누릴 수 있는 안락한 삶과 보장된 미래를 과감히 포기했을 뿐만 아니라 아내 헬레네까지 간호사 자격을 취득, 그를 돕도록 했다. 험난한 비포장 가시밭 자갈길이었다.

슈바이처는 1913년부터 65년 숨을 거둘 때까지 60년간의 나머지 전 생애全生涯를, 자신이 세운 아프리카 랑바레네 병원에서 보냈다. 병원이라곤 구경조차 못한 가난한 그곳 사람들을 치료하고 도우면서 '성자'와 같이 60년을 한결같이 산 것이다. 헌신獻身과 봉사의 삶이 어떤 것인가를 전 세계 모든 인류에게 가르쳐 줬다고 하겠다.

슈바이처는 이미 30대에 남은 30년을 남(他人)을 위해 봉사할 수 있도록 해달라고 늘 하느님께 기도했다. 그의 간절한 기도가 하느님을 감동시켰는지 그 두 배인 60년을 허락해 주셨다. 간절한 기도는 하늘에 닿는다. 그는 아마도 감사한 마음으로 편안하게 눈을 감았을 것이다.

인생이란 기회는 누구에게나 한 번밖에 주어지지 않는다. 우리는 아쉽게도 두 번 살지 못한다. 그 한 번의 기회를 어떻게 살 것인가는 전적으로 자신만의 선택이다.

어떻게 사는 것이 보람인지도 정의定義된 역사가 없다. 스스로 개척, 새로운 길을 내서 나아가야 하는 것, 이것이 인생이다.

역설적이게도 인생의 어려움과 즐거움 그리고 보람은 바로 여기에 있다. 사람에게만 전유專有되는 특권이다. 이 특권 행사를 어떻게 할 것인지도 당연히 인생이다. 인생, 살만한 것 아닌가.

2022. 5. 6.

스승의 날, 꽃바구니 3개

오늘 5월 15일은 스승의 날이다. 내게는 이 날이 44번째다.

동아일보사에서 7-8년 기자 생활을 하다 75년 우리 회사 기자, PD, 아나운서 등 130여 명이 무더기 강제 해직되었다. 모두 '권위주의' 시대를 잘못 만난 죄뿐이다.

1979년 3월 나는 12년의 서울 생활을 접고 부산으로 내려와 모교 강단에 서게 되었다. 인생 최고의 행운이지만, 그때는 어쩔 수 없는 선택이기도 했다.

한데 호사다마好事多魔라고 했던가, 잘못 만난 그 '시대'가 또 한 번 발목을 잡았다. 운이 따랐는지 이번엔 모교 총장님의 '결단'으로 그 시대의 벽을 넘을 수 있었다.

지금은 모두 고인이 되신 세 분 은사님과 총장님의 제자 '사랑'을 나는 잊지 못한다. 아니 잊어서도 안 된다. 꼭 스승의 날이어서가 아니다.

그 사이 대학본부는 동대신동에서 낙동강변 승학산 기슭으로 옮겨져 있었다. 해질녘 강 건너 낙조落照가 강물에 비치면서 분홍빛 황혼이 곱고 화려했다.

그러나 79년 3월에 시작한 강단 생활도 그렇게 오래 가지 못했다. 79년 10월 10.26사태에 이어 12월 신군부가 들어섰다. 전국에 계엄령이 깔렸다.

이듬해 80년 5월 16, 17일 부산과 마산에서 일어난 민주항쟁시위, 광주항쟁시위 등으로 대학가는 일시 문을 닫아야 했고, 거리는 연일 데모로 몸살을 앓았다.

전국 대학에서 이른바 반체제 교수로 찍힌 88명이 강제로 강단을 떠나야 했다. 지방에선 나와 광주 1명이 포함되었다.

그해 7월에 보름동안 부산 망미동 군 정보기관에서 국가가 주는 공짜 밥을 얻어먹었다. 그 '덕분'에 연구실 짐을 싸고 대학을 떠나야 했다. 그날이 1980년 7월 30일, 함께 짐을 꾸리던 조교·학생들의 눈물과 동료 교수들의 안쓰러워하는 모습을 나는 42년의 기나긴 세월이 흐른 지금도 잊지 못하고 있다.

80년 그때 학생 등 대규모 군중시위가 벌어진 남포동과

광복동 등 현장에서, 또는 피해 다니다 군 정보기관에 잡혀가 고초를 겪은 우리 대학 수많은 학생들에게는 늘 죄인처럼 부끄럽고 미안한 마음이다.

뒤에 알았지만, 그 중에서도 20여 명은 사회 진출도 힘들었고 트라우마도 만만치 않았다. 지금은 서울, 부산, 수원, 김해 등지에서 당당하게 잘 살아가고 있다. 얼마나 다행인가. 벌써 60대가 된 그들은 요즘도 자주 연락도 하고, 부산 오면 함께 식사할 때도 있다.

당시 40대 교수였던 나로서는 늘 가슴 한구석이 짓눌리지 않을 수 없었다. 그래도 나는 지금 미수米壽를 바라보는 팔순 중간 고개에 이르렀으니 그저 고마울 뿐이다.

오늘 두 제자와 점심을 마치고 집에 돌아오니 문 앞에 제자들이 보내온 꽃바구니 3개가 나를 기다리고 있었다. 꽃바구니에 담긴 5월의 싱그러운 봄 향기가 좁은 방에 가득 퍼져나갔다. 고마움에 또 하나 감사함이 살포시 얹혔다.

나는 스승의 날 오늘, 이제는 50-60대의 인생 절정絕頂을 헤쳐 나가는 제자들의 건투와 정진精進을 다시 한번 소망하고 기도한다. 지금 내가 머무는 친구의 오피스텔 뒤로 늘어선 황령산, 장산, 멀리 부산의 진산인 금정산의 정기와 앞으로 넓고 편안하게 펼쳐진 마을 '광안리廣安里' 바다의 푸른 기운을 제자들에게 보낸다. 내 대학동기인 김재진 회장의 경동건설(주) 브랜드 '리인里仁'의 깊은 뜻이 느껴진다. 어질고 착한 사람들이 사는 집이자 마을이다.

이 기도祈禱와 소망所望은 제자들의 그 끝없는 스승 사랑을 미약하게나마 그들에게 되돌려줄 수 있는 것, '지금 내가 가진 모든 것'이다.

2022. 5. 15.

권력은 늘 옷깃을 여며야 한다

자연 앞에서는 계절도 풀이 꺾인다. 다음에 오는 계절에 자리를 내주고 어디론가 흔적도 없이 자취를 감춘다.

우리 인간사人間事도 여기에서 결코 예외가 아니다.

광대한 중국 천하를 손에 넣은 진시황秦始皇도 아들에게 권력을 넘겨주었지만 2년을 넘기지 못했다. 진秦나라는 내부 분란으로 스스로 무너졌다.

기원전 고대 아프리카 북동쪽, 지금의 이집트 북동쪽 가르타고(Cartago)에서 세력을 크게 떨쳐 이웃 여러 나라를 정복한 카르타고의 뛰어난 명장 한니발. 그는 당시 누구도 상상 못했던 알프스산맥을 넘어 로마 성벽 아래까지 쳐들어갔다.

한때 소아시아를 석권하고 인도까지 진출한 마케도니아의 알렉산드로스 대왕과 어깨를 나란히 한 한니발 장군, 한니발은 그때 마음만 먹었으면 성벽을 넘어 로마를 멸망시키는 건 식은 죽 먹기였다. 그런데 그는 로마에 무려 16년 동안이나 눌러앉아 있으면서도 뭣 때문인지 그렇게 하지 않았다.

한니발이란 이름만 들어도 로마의 어린아이들은 울음을 멈추었다. 한니발 장군이 그때 로마를 쳐 없앴다면 훗날 로마와 카르타고와의 제2차 포에니 전쟁에서 당시엔 별로 이름조차도 잘 알려지지 않은 로마의 젊은 장수 스키피오에게 패퇴하는 '비극'은 없었을 것이다. 제2차 포에니 전쟁은 결국 한니발 장군의 죽음으로 끝나고, 강성했던 카르타고를 지도에서 영원히 사라지게 했다.

역사가들의 한담이지만, 그 한니발 덕분에 로마는 뒷날 세계 역사상 최대의 제국을 이룩했다. 지중해 전역과 소아시아와 유럽을 제패했던 로마 제국帝國은 그때 자신들의 수도首都 성벽 아래까지 쳐들어온 한니발의 말발굽에 짓밟히는 수모를 당했다. 로마는 절치부심切齒腐心했다.

로마는 여기서 분발, 조그만 성벽 나라에서 끝내 제국帝國으로 발전해 나갔다. 로마는 아프리카와 유럽, 소아시아의 수많은 속주屬州와 식민지 등을 가진 제국이 되었다. 속주와 식민지에 파견된 총독 수만 무려 13명이나 되었다. 예수님을 죽음으로 몰아넣은 로마의 악명 높았던 빌라도(Pontius Pilate) 총독도 그중 한 사람이다. 제5대 유대 주재 총독인 그는 유대인들이 제소한 예수그리스도에게 반역죄를 씌웠다. 십자가에 못 박혀 죽음에 이르게 했다. 빌라도는 예수님이 무죄임을 알고 있었고, 나름대로 석방시키려 했지만 유대인들의 강압에 못 이겨 사형선고를 했다. 이 때문에 유대인들이 전 세계 기독교인들의 미움을 받고 있는 것이 아닌가 싶다. 독재자 히틀러가 여기 편승했다.

로마사史와는 좀 다른 얘기지만 예수님도 고난 끝에 기독교를 전 세계적 종교로 우뚝 서게 했다. 지저스 크라이스트(Jesus Christ), 즉 예수님은 십자가에 못 박혀 사형 당했다가 '3일 만에 다시 부활함'으로써 기독교 창시와 함께 엄청난 종교 세계를 이루었다.

로마제국의 제2대 황제 티베리우스(Tiberius 서기 14-37년 재위) 치하에서 유대 총독을 지낸 본디오 빌라도(라틴어로 Pontius Pilatus, 영어로는 Pontius Pilate). 그는 나이 26살에서 36살까지 10년간 유대총독 자리에 있었다.

유대인들은 다신교를 신봉하는 로마가 유일신 유대교를 탄압한다고 여러 차례 반란을 일으켰다. 그때마다 로마는 군대를 파견, 강제진압하곤 했다. 그런데 이런 피압박과 고통의 과정에서 그리스도에 의한 기독교가 탄생할 수 있었다. 기독교는 유대교의 한 분파에서 출발했다.

유대인들의 그 유명한 '디아스포라'도 이 시기에 시작됐다. 즉, 유대인들의 본격적인 '이산離散', 유랑이 시작된 것이다. 그로부터 유대인들은 전 세계에 흩어져 살아가는 '숙명'을 안게 되었다.

구약성서에 등장하는 모세(Moses)도 이 이산의 '영웅'이라 하겠다. 그는 이집트 왕 파라오 치하에서 노예로 고통을 겪던 이스라엘 백성들을 이끌고 탈출, '기적을 일으킨' 홍해를 건넜다. 하지만 40년을 광야에서 헤맸다. 이 고난 끝에 드디어 꿀이 흐르는 가나안 땅에 들어가게 된다.

얘기는 다시 로마제국으로 돌아온다. 로마 공화정 3두三頭의 한 모서리를 차지한 사람 중에 율리우스 카이사르(Julius Caesar)란 장군이 있었다. 줄리어스 시저라고 불리기도 했다. 이 강철 같은 남자는 역사 이후 가장 창조적 천재라는 찬사가 부끄럽지 않은 40대의 전략전술가다. 일선 지휘관-장군으로서 8년간 전쟁터를 휘저으면서도 단 한 번도 패한 적이 없다. 북서쪽으로는 브리타니아(오늘의 영국)와 북동으로는 오늘의 독일 라인강, 동으로 소아시아, 남으로는 에스파냐(스페인)와 아프리카 북쪽 누미디아 왕국(오늘의 북아프리카 튀니지 일대)과 이집트 나일강을 국경으로 하는 광대한 지역에 걸친 로마 제국(Roma 帝國)의 터를 닦았다.

공화정 체제가 무너지고 제국으로 탈바꿈하는 로마 제국

은 시저의 양자 아우구스투스가 기틀을 굳힌 이후, 서로마, 동로마를 거치면서 700여 년을 버텨왔다.

하지만 그런 로마 제국도 끝내는 무너졌다. 오늘의 소아시아를 중심으로 한 신흥세력의 침략과 내분 등으로 멸망했다. 그러나 로마 침몰은 외부 침략 때문이라기보다는 내부 부패와 타락, 귀족 지배층의 사치 등으로 스스로 무너져 내린 것이다.

세계에서 가장 오랜 1천 년 왕조를 자랑하는 신라도 왕과 귀족들의 사치와 방만으로 스러졌다. 새로 일어난 조그만 세력, 고려高麗 창건자 왕건에게 맥없이 무너진 것이다.

종교를 제외한 인간사에서 영원한 것은 없다. 역사 구석구석을 뒤져보아도 우리가 알다시피 영원한 권력은 없었다. 또 그 권력을 누린 자도 존재하지 않는다.

아니 오히려 그런 권력을 움켜쥐려고 시도했던, 즉 독재자들의 말년末年이 평온하게 마무리된 적은 단 한 번도 없었다. 모두가 비극이거나, 비극적이었다. 프랑스의 루이 왕조가 그러했고 우리나라 2, 3공화국도 그랬다.

해맑던 날씨도 갑자기 비가 오고 흐릴 때가 있다. 권력도 서늘하고 어둠침침한 날씨처럼 반드시 내려앉을 때가 있다. 민주주의 국가의 독재 권력은 이런 비극의 수레바퀴에서 비켜날 수 있는 예외를 역사가 허락한 적은 단 한 차례도 없었다.

다만 로마 공화정 시대의 가장 잔인했던 장군, 그래서 무려 4천여 명의 반대파나 반대파라고 여긴 백성을 무참하게 처형한 집정관이자 독재자 술라(Sula)의 경우는 좀 다르긴 했다. 그는 일개 일선 군단장에서 무력으로 로마의 권력을 낚아채고 원로원에서 강압적으로 집정관-독재관으로 '선출'되었다. 그는 온갖 잔혹한 짓으로 권력을 휘둘렀다.

그랬던 그가 뭣 때문인지 어느 날 갑자기 로마에서 꽤 멀리 떨어져 있는 바닷가 별장에 틀어박혔다. 죽을 때까지 거기서 꼼짝하지 않고 은둔했다.

권력은 꼭대기에서 아래로 내려올 때 외로워진다. 아니 권력 자체가 본래 외롭다. 동서고금의 이치가 그런데도 권력은 늘 이 틀에서 벗어나지 않으려고 몸부림한다. 겉이 워낙 화려하다 보니 실체實體를 못 보는 것인지, 아니면 앞서 카이사르의 말대로 사람은 누구나 '자기가 보고 싶은 것만 보려고 하는 '심성' 때문'인지 모르겠다.

그래서 역사는 자주 반복하는 것일까. 영국의 극작가 셰익스피어의 '비극'이 바로 이 권력의 비극을 명료하게 말해주고 있다.

지금 우리는 그런 일이 되풀이되는 역사의 비극적인 무대를 볼 기회는 거의 사라지고 있다. 그만큼 역사와 경험이 쌓였다는 말이다. 그래도 권력은 쉽게 오만해지고 때로는 선線을 넘는다. 지금 우리가 바로 곁에서 보고 있지 않는가. 국민이 늘 경계를 늦춰서는 안 되는 대목이다.

갑자기 서늘해진 날씨가 내 상상력을 너무 넓힌 것 같다. 간혹 세계사를 훑어보기 좋아하는 내 시선이 고대 로마에 꽂힌 건 이 때문이다.

2022. 5. 18.

인생, 어떻게 살 것인가(1)
6.25 한국전쟁에 참전한 어느 외국인 장군의 삶

부산 남구 대연동에는 세계 유일의 '재한在韓 유엔(UN)기념공원'이 있다. 1950년 6월 25일 새벽 4시, 북한 김일성의 공산군은 38선을 넘어 남침했다. 이렇게 시작된 6.25 한국전쟁은 3년이나 지속된 끝에 53년 7월 27일 휴전협정으로 일단 정지됐다.

동족끼리 총을 겨눠야 했던 이 비극적 전쟁은 유엔군으로 참전한 16개국 '용사'와 40여 개국의 의료-군수품 등 막대한 지원으로 한국의 공산화共産化를 막아낸 국제전쟁이었다. 물론 북한 정권이나 이를 추종하는 사람들의 시각은 다를 수도 있다.

이 유엔공원에는 아직도 2천300여 구의 6.25전쟁 참전 외국인 전사자들이 묻혀 있다. 유엔기념공원 한쪽에 눈길을 끄는 유일한 장군 묘가 있다. 미국 육군준장 위트컴 장군(Richard S. Whitcomb, 1894-1982, 미국 캔자스)이다.

한국전쟁이 발발한 지 단 7일 만에 미국이 참전을 결정했다. 미국의 참전 선언으로 유엔 15개국의 참전과 물자, 의료 지원을 이끌어내 결국 한국의 공산화를 막아내는데 결정적 역할을 했다.

이 전쟁에 미군은 어마어마한 인명 손실을 입었다. 전사戰死 5만 4천246명, 실종 8천177명, 포로 7천140명, 부상 10만 3천284명 등 17만 2천800명이다. 이들은 세계 어디에 붙어있는지도 몰랐던 한국 땅에서 귀한 목숨을 바쳤다.

앞서 위트컴 장군은 전쟁 당시 부산에 주둔한 유엔군 군수사령관이었다. 장군은 한마디로 미국보다 한국과 한국인을 더 사랑한 외국인 장군의 한사람이다.

1952년 11월 27일 부산역 부근에 큰 불이 났다.

흔히 '부산역 대화재'로 불린다. 판잣집도 변변히 없어 노숙자에 가까운 생활을 하던 수십만 피난민들은 부산역 건물과 인근에 있는 시장 점포 등이 유일한 잠자리였다. 이 화재로 판자촌은 불타버리고 피난민들은 오갈 데가 없게 된 것이다. 입을 옷은커녕 먹을 것도 없었다.

이때 위트컴 장군은 군법을 어기고 군수창고를 열어젖혔다. 군용 담요와 군복, 먹을 것 등을 3만 명의 피난민들에게 골고루 나눠주었다.

이 일로 위트컴 장군은 연방 의회의 청문회에 불려가 곤욕을 치렀다.

의원들의 쏟아지는 질책에 장군은 조용히 말했다.

"우리 미군은 전쟁에서 반드시 이겨야 하지만, 미군이 주둔하는 곳의 사람들한테 위기가 닥쳤을 때 그들을 돕고 구하는 것 또한 우리의 임무입니다. 주둔지의 민심을 얻지 못하면 우리는 전쟁에서 이길 수 없고, 이기더라도 훗날 그 승리의 의미는 쇠퇴할 것입니다."

의원들은 일제히 기립, 오래도록 박수를 쳐 오히려 장군을 격려했다.

다시 한국으로 돌아온 뒤 장군은 전쟁이 끝나고도 귀국하지 않았다. 군수기지가 있던 곳을 이승만 대통령에게 돌려주면서, "이곳에 반드시 대학을 세워 달라."고 청했다.

부산대학교가 설립된 배경이다. 그러나 부산대 학생도, 교직원도, 졸업생도 이런 사실을 거의 모른다.

그리고 장군은 부산 중구 영주동에 '메리놀병원'을 세웠다. 병원기금 마련을 위해 그는 한국 양반들의 갓에 도포를 걸치고 이 땅에 기부문화를 조성하기 위해 애썼다.

사람들은 "장군이 채신없이 왜 저러느냐."고 쑤군댔지만 개의치 않았다. 전쟁기간 틈틈이 고아들을 돌봐온 위트컴 장군은 고아원을 지극정성으로 운영하던 한묘숙 여사와 결혼했다. 위트컴 장군이 '전쟁고아들의 아버지'로 불리는 연유다.

그리고 그는 마지막 순간에도 부인에게 이런 유언을 했다.

"내가 죽더라도 북한 땅 장진호 전투에서 미처 못 데리고 나온 미군의 유해를 마지막 한 구까지 찾아와 달라."

부인 한묘숙 여사는 그 약속을 지켰다. 북한은 장진호 부근에서 유골만 나오면 바로 한묘숙 여사한테로 가져왔고, 한 여사는 유골 한 구에 300달러씩 지불했다.

그렇게 북한이 한 여사한테 갖다 준 유골 중에는 우리 국군의 유해도 여럿 있었다. 하와이를 통해 돌려받은 우리 국군의 유해는 거의 대부분 한 여사가 북한으로부터 '사들인' 분들이다.

한 여사는 한때 간첩 누명까지 쓰면서도 굴하지 않고 남편의 유언을 지켰다. 남편만큼이나 모국을 사랑한, 강한 여성이었다.

"장군의 연금과 재산은 모두 이렇게 쓰였고, 장군 부부는 끝내 이 땅에 집 한 채도 소유하지 않은 채 40년 전에 이승을 떠났다. 유엔기념공원에 묻혀있는 유일한 장군 출신 참전용사가 바로 이 위트컴 장군이다.

끝까지 그의 유언을 실현한 부인 한묘숙 여사도 장군과 합장되어 있다.

그러나 이런 장군을 기리는 동상은 이 땅 어디에도 없다. 부산에도, 서울에도 없다. 전봉준 동상이나 전태일 기념관이 있고 김대중기념관은 10개 가까이 있어도….

그런데 오늘, 장군이 떠난 지 꼭 40년 만에 뜻있는 사람들이 장군의 조형물을 만들기로 결의했다. 늦어도 너무 늦었다. 안타깝기 이를 데 없다.

이보다 더 안타까운 일도 있다. 인천 상륙작전으로 비극적 한국전쟁을 사실상 승리로 끝낸 맥아더 장군의 동상을 몇 년 전에 좌파세력들이 끌어내렸다.

미군 등 유엔 참전국 용사들의 희생을 기리는 기념 동상이나 기념관은 부산 유엔기념공원 외에는 없다.

(위트컴 장군과 관련된 글은 박영선 교수의 글을 많이 옮겨 썼음을 밝혀둔다. 박 교수는 2004년 내가 한국방송학회장으로서 방송대상 심사위원장으로 만난 게 인연의 모두다. 늘 미소를 띠고 당찬 분으로 기억하고 있다.)

70년 전, 전쟁고아들을 살뜰하게 보살피던 위트컴 장군, 메리놀병원을 세워 병들고 아픈 이들을 어루만지던 장군의 손길처럼, 대학을 세워 이 땅에 지식인을 키우려던 그 철학으로, 부하의 유골 하나라도 끝까지 송환하려고 애썼던 그 마음을 생각하며 각자 내 호주머니에서 1만 원씩 내보자.

딱 커피 두 잔 값만 내보자.

나는 유엔기념공원과는 지척의 거리에 살고 있다. 그곳을 방문하거나 지나칠 때는 언제나 고맙고 엄숙한 마음이다. 작년 6.25날 친구들 몇 사람들과 이곳을 찾은 적도 있다.

유엔기념공원은 그동안 유엔과 한국정부의 노력으로 세상에서 가장 아름다운 정원으로 조성되어 있다. 사계절 늘 푸르고 티끌 하나 없이 맑고 깨끗하게 관리되고 있다. 입구에는 당시를 돌아보는 영상관도 있다. 이 모든 헌신과 노력들은 얼마나 아름다운 일인가!

누군가를 위해 '거룩한 희생'을 감내堪耐한 분들, '하늘을 보고 한 점 부끄러움 없이' 살다 간 분들, 이런 분들을 가까이서 지켜볼 수 있는 건 인생에서 참으로 큰 행운이 아닐 수 없다.

2022. 6. 25.

인류역사의 큰 물줄기를 바꾼 두 사건, 고대 로마의 영웅 카이사르와 폼페이우스의 대결과 일본의 8.15 항복

책을 읽다가 마침 8월 9일이 들어간 대목에서 눈길이 멎었다. 소설 『로마인 이야기』(제5권)의 '파르살로스 대회전大會戰'이다.

또 이날은 1945년 일본 나가사키에 미국의 두 번째 원자폭탄이 떨어져 '대일본제국'을 '치욕'의 항복으로 몰아넣었던 날이다. 신으로 격상된 일본 천황이 적군에 허리를 굽힌다는 건 일본인들에겐 있을 수도 없고, 있어서도 안 되는 '천지개벽'이다. 그런데 그런 '사고'가 결국 8월 15일 정오에 터져버렸다.

이 두 사건은 인류 역사의 물줄기를 바꾸는 계기가 되어, 우리를 새로운 세계로 인도한다.

BC 49년 8월 9일 고대 로마의 공화정共和政 말기, 원로원파의 폼페이우스(Gnaeus Pompeius, BC 106-48) 장군과, 8년간이나 유럽지역 원정을 끝내고 로마로 돌아온 율리우스 카이사르(Gaius Julius Caesar, BC 100-44, 줄리어스 시저로 읽히기도 한다).

두 장군은 그리스(Greece) 아테네 북쪽에서 운명의 결전을 벌이게 된다.

폼페이우스는 공화정 체제를 유지하려는 원로원 의원들과 귀족들에 떠밀려 원로원을 고수하는 장군으로 추대되었다. 유럽 여러 전쟁에서 승리한 카이사르는 개선식도 뒤로 미뤘다. 네 마리 백마가 이끄는 이 개선식은 로마 장군에겐 필생의 영광이다.

그러나 원로원은 '최종권고'를 결의, 카이사르를 졸지에 국가반역자로 몰았다. 그는 어쩔 수 없이 그 유명한 '루비콘강'을 건너 그리스로 도망간 폼페이우스와 원로원 의원들을 추격하는 개혁파 장군이 되었다.

"이미 주사위는 던져졌다." 카이사르에겐 영광이냐 아니냐의 선택이 아니라 삶과 죽음의 문제가 되어버렸다.

말이 좋아 개혁파改革派지 그를 따르는 귀족 세력은 한 사람도 없었다. 개혁이란 공화정으로는 더 이상 로마를 이끌어 갈 수 없다는 카이사르의 인식이다.

8월 9일, 이들은 한낮의 뙤약볕이 사정없이 내리쬐는 그리스 중부의 파르살로스 평원에서 서로의 운명을 건 한판 승부를 벌였다. 결론부터 얘기하자면 5만 4천 명의 대군을 거느린 폼페이우스는 그보다 3배 가까이나 적은 2만 4천 명의 카이사르군에 참패했다. 원로원파의 오만과 김칫국부터 먼저 마신 천박한 판단 탓이었다.

패장 폼페이우스는 겨우 30여 명의 수하들만 거느리고 그리스를 떠난다. 짙은 쪽빛의 에게해를 지나 지중해를 건너 아프리카의 이집트 왕국에 몸을 맡기러 망명亡命 길에 올랐다. 당시 로마의 동맹국이자 폼페이우스의 '클리엔테스(피보호국 및 그 국민을 일컫는 라틴어)'인 이집트의 수도 알렉산드리아 항구 앞, 세계 불가사의의 하나인 거대한 '파로스' 등대 부근 해상에서는 이집트 왕의 '화려한' 영접이 그를 기다리고 있었다.

이집트왕실 환관들과 15살의 어린 왕은 이미 승자가 된 카이사르의 눈치를 보지 않을 수 없었을 것이다. 그들은 모의 끝에 폼페이우스를 살해하기로 결론 낸다. 그들은 마중하는 척하며 숨겨온 칼을 폼페이우스의 옆구리에 들이댔다. 칼을 휘두른 이 암살자는 셉티무스라는 한때 폼페이우스의 부하(백인대장)였다.

카이사르는 폼페이우스를 쫓긴 했지만 이런 비극적 결말은 상상도 못했다. 그는 눈물을 흘리면서 항아리에 담긴 삼두정치三頭政治 당시의 동료 얼굴을 하염없이 바라봤다. 그는 폼페이우스를 정중히 화장해서 본국 알바의 별장에 머물던 그의 아내에게 보냈다. 이 덕분에 그의 무덤은 아직도 이탈리아에 남아있다.

이때 카이사르는 만감이 교차했다. 하지만 그는 딱 한마디, 때와 장소에 따라 말을 아낄 줄 알았다. "나는 알렉산드리아에 도착해서야 그의 죽음을 알았다"고. 후세 사가史家들은 이렇게 적어 전하고 있다.

이로써 로마 공화정 체제는 무너지기 시작했고, 도시국가 로마는 제국주의 체제로 들어선다.

루비콘강을 건너면서 역적逆賊으로 몰렸던 카이사르는 로마의 제일인자(임페라토르)가 된다. 그러나 그것도 잠시, 카이사르는 파르살로스 회전에서 살려준 마르쿠스 브루투스 세력 일당들에게 암살된다. 칼에 찔린 카이사르는 검붉은 피가 낭자한 토가 자락을 여미며 그 유명한 말을 남긴다.

"브루투스, 너마저" 곧 카이사르의 유언장이 공개된다. 그는 자기와는 아무런 혈연관계가 없는 18살의 앳된 소년 옥타비아누스를 후계자로 점찍어 뒀다.

로마인은 원래 '법法의 민족'이다. 카이사르의 유언은 그대로 법이 되었고, 누구도 거기에 토를 달지 않았다. 카이사를 죽인 배신자 브루투스 일당들도 오래 영화를 누리지 못했다. 카이사르 세력 안토니우스에게 체포되어 처형된다.

이후 로마의 운명은 돌이킬 수 없는 방향으로 나아간다. 옥타비아누스는 훗날 로마 제국의 초대 황제皇帝로 등극하는 아우구스투스 대제大帝다. 그의 나이 30세 때다.

카이사르는 8년간 800여 곳 전쟁터를 누빈 전승全勝 장군이다. 뿐만 아니라 사람 보는 안목도 뛰어난 불세출의 영웅이었다. 또 대단한 문장가요, 시인이다. 그가 남긴 『갈리아 전쟁기』나 『내전기』가 그걸 잘 말해준다. 당시 로마의 유명한 변호사이자 시인인 키케로나 『플루타르코스영웅전』을 쓴 플루타르코스도 카이사르의 문장력을 높이 평가했다.

가령 카이사르가 파르살로스 회전 다음해인 기원전 47년 6월 말. 시리아 등 소아시아 일대를 평정한 후 로마 원로원에 보낸 승전 보고서는 정말 놀랍다. 딱 세 마디의 이 간결한 보고서는 3천여 년의 세월이 흐른 지금까지도 널리

회자되고 있다.

"왔노라, 보았노라, 이겼노라" (VENI, VIDI, VICI, 라틴어)

공화정 세력은 카이사르 암살엔 성공했으나 역사의 도도한 물줄기는 막을 수 없었다. 로마는 도시국가 틀을 벗어던지고 엄청난 식민지를 거느린 제국帝國으로 변신한다.

동쪽으론 소아시아와 튀르키예(터키)의 젤라, 서쪽으로는 영국(브리타니아), 프랑스(갈리아), 북쪽으론 독일(게르만)의 라인강과 그 아래 도나우강, 남으로는 스페인(에스파냐)과 북아프리카에 걸치는 대제국으로 올라섰다. 이들 지역에 파견된 속주屬州 총독이 무려 13명에 이르렀다.

이 '제국'이 2천여 년 후 20세기 초에 되살아났다. 영국, 프랑스, 독일, 러시아 등이 중심이 된 현대의 제국주의다. 이들은 아프리카, 인도 등 아시아에 이르기까지 선진 문명과 무력을 앞세워 식민지를 개척하기 시작했다.

18세기 유신維新혁명에 성공한 일본도 여기에 뛰어들었다. 우리 대한민국은 1910년 국권을 잃고 35년간 식민지로 고통을 겪게 된다. 이때 많은 국민들이 독립투쟁과 먹고 살기 위해 중국 북간도, 러시아 시베리아 등지로 남부여대男負女戴 망명길을 떠나야 했다. 피눈물이 압록강·두만강 푸른 물결을 잠재웠다.

구약성서에 보면 모세가 유대 민족을 이집트에서 탈출시켜 40년간이나 광야를 헤맨다(성서에서는 흔히 '출애굽기'라고 한다). 이 시기 전후 이스라엘 민족의 '디아스포라(離散)'가 시작된다.

이 디아스포라가 이 시대 한반도에 다시 소환된, 민족적 비극이었다.

미국이 원자폭탄을 일본에 투하할 때 고심을 거듭했다. 처음엔 일본의 고도古都이자 과거 수도였던 교토京都로 결정됐다. 장소를 결정하기 위한 미국의 관련 위원회가 거듭 소집됐다. 일부 위원들이 일본의 고대 문화와 유적을 보호하고 인명 피해를 줄이기 위해선 교토는 불가하다는 주장을 내세웠다. 결국 군수공장이 집결돼 있는 나가사키로 최종 결정됐다.

일본 군부가 첫 번째 히로시마 피폭 때 두 손을 들었다면 피해를 더 줄일 수 있었을 텐데.

이처럼 역사라는 것도 우연의 작용에서 자유로울 수 없다. 그래서 역사가 때로는 별게 아닌 것, 역사 무대사歷史 無大事라는 말이 있다. 우리는 도저히 불가능할 것 같던, 최선진국 일본을 해방 70년 만에 극복해 나가고 있다.

그러나 이런 대단한 우리 역사도 다시 한번 뛰지 않으면 3만 달러에서 주저앉을 수도 있다. 거의 절체절명이다. 지금의 정부와 국민의 어깨가 그 어느 시대, 어느 때보다 막중한 이유다.

우리는 지금 이웃 나라를 속국으로 만들기 좋아하는 사회주의 중국과 러시아, 핵과 미사일을 움켜쥔 3대三代 일당 독재의 전체주의 북한과 재무장 태세에 들어간 일본 등에 에워싸여 있다.

거기다 지금 거대 야당은 자기네 정부가 어질러놓은 적폐도 모자라는지 파트너에 대한 인용認容과 배려는 찾아보기 어렵다. '내로남불'도 예사다.

3천 년 거리를 둔 카이사르의 말이 또 한 번 여기 소환된다. 사람은 자기가 보고 싶은 현실 밖에 보지 않는다. 관용寬容, 여유餘裕 등이다. 카이사르의 철학이요, 종교다. 우리 시대에도 절실한 가치다.

나라를 끝내 지켜내는 힘은 국민이다. 국민을 넘어서는 정치는 없다. 이 정부는 우리 앞에 쌓인 적폐와 불법을 망설임 없이 씻어내야 한다. 새로운 도약에 힘을 모을 때다. 어영부영할 시간은 단 1초도 허용되지 않는다.

2022. 8. 9.

'이밥에 소고기국'은 옛날 옛적 얘기
- 북한에서 수입된 말

친구야, 오늘 처서處暑 안부를 전한다. 기승을 부리던 폭염도 한풀 꺾이고 자연의 순리順理는 장사도 꺾지 못한다.

70년 세월을 거슬러 올라간다. 소 몰고 들에 나가 풀 먹이고 강가에서 물장구치던 추억이 너무 긴 세월이다. 큰 축복(祝福 grace)이고 감사(感謝 thanks for God or Heavens)다.

오늘은 처서處暑
24절기節氣의
14번째
벼(쌀)가 자라고
논메기가 한창
농부 땀이 팥죽이다
채소 과일에
'이밥 소고기국'은
옛날 옛적 얘기

북한이 선물한
낯선 언어

밥 한 톨 남기면 불호령이
떨어지던 시절은
다시 오지 않는다.

그 시절 불호령하던 어머니가 왜 이리 그리운지, 내 나이가 구십에 이르러가는 데도 말이다. 그래도 농촌의 땀은 24시간 흐른다. 그러지 않으면 우리 입에 밥이 들어가지 않는다.

2022. 8. 23.

인생, 어떻게 살 것인가(2)
어느 외국인 장군의 한국전쟁 참전

'인생을 어떻게 살 것인가?' 이 질문엔 정답을 찾기가 어렵다. 물론 이 질문을 주제로 다룬 글은 수없이 많다. 하지만 누구도 제대로 된 답은 내놓지는 못한 거 같다.

역사에 등장하는 훌륭한 사람들의 삶을 살펴보자. 그들의 삶이나 저작들은 때로는 훌륭한 지침이나 방향을 제공해줄 수 있다.

고대古代 그리스 철학자 소크라테스, 마케도니아의 알렉산더 대왕, 로마의 율리우스 카이사르 장군, 중국의 공자, 독일의 칸트, 러시아의 톨스토이, 미국의 링컨, 아인슈타인, 우리나라의 세종대왕, 이순신 장군, 다산 정약용 등.

이런 분들과는 달리 인류의 공적公敵이요 '악마'로 비친 사람도 있다. 독일의 히틀러나 소련의 스탈린 등이다. 우크라이나 전쟁을 일으킨 푸틴도 이 범주에 포함된다.

푸틴은 명분도 없고 무도無道한 전쟁을 일으켜 우크라이나 국민과 자국 병사들까지 사지死地로 몰아넣고 있다. 수백만 난민과 사상자를 냈다. 무엇보다 죄 없는 우크라이나 국민들을 무자비한 폭격과 포격으로 살상시키는 것도 모자라 영하 30도가 넘는 혹한에 내몰고 있다. 동사자凍死者와 아사자餓死者들까지 내고 있다. 참으로 비극적인 21세기의 전쟁 범죄다. 언젠가는 단죄될 것이다.

여기에 세계 밀 생산의 4분의 1을 차지하는 우크라이나 곡창지대를 폐허로 만들고 있다. 국제 곡물 시세를 폭등시켜 아프리카 등 가난한 나라들의 국민들을 굶주리게 하고 있다. 이것 역시 엄청난 죄악이다.

히틀러는 2차대전 중 독일, 폴란드 등지에 살던 유대인들을 단지 유대인이란 이유로 600만 명을 학살했다.

스탈린은 소련을 공산주의국가로 세운다면서 자국민 2천여만 명을 처형한 것으로 알려져 있다. 당시 우크라이나는 소련의 지배하에 있었다. 우크라이나에 대기근이 들어 곡창지대가 폐허가 되다시피 했다. 우크라이나 국민 200만여 명이 굶주림을 이기지 못했다. 스탈린은 우크라이나 국민들을 구제할 수 있는 충분한 식량을 갖고 있었지만 모른 채 방치했다. 우크라이나 국민들은 이때의 '비극'을 지금도 잊지 않고 있다. 아니 그들에겐 잊을 수 없는 통한의 '역사

歷史'일 것이다.

왜 그들 소련은 그렇게 잔인무도했을까. 인간에 대한 연민은 어디서도 찾아볼 수 없다. 하지만, 그들은 겉으로는 그것이 '국가를 위하는 길이요, 그래서 옳은 방향의 삶'이라고 믿었을 것이다. 참으로 황당한 '삶의 선택'이 아닐 수 없다.

인류 역사상 가장 많은 전쟁을 치른 고대 로마의 율리우스 카이사르 장군. 그는 54세에 정적에게 암살될 때까지 다른 민족-부족들과 800여 차례 전쟁을 치렀다. 가히 '전쟁의 신神'으로 불릴 만하다.

조선 세조世祖는 13살 어린 조카 단종端宗을 몰아내고 충신들과 뛰어난 장수 김종서 장군 등을 처형했다. 왕권을 빼앗기 위해 피비린내 나는 숙청을 마다하지 않았다.

조선조에서 가장 어리석었던 왕들 중 한 사람인 선조. 그는 신하들에 둘러싸여 7년간의 임진왜란과 정유재란을 겪어야 했다. 온 나라가 쑥대밭이 되고 수많은 백성들은 적국의 노예가 되거나 헐벗고 굶주려야 했다.

선조는 이순신 장군을 반역죄로 몰아 파면, 하옥下獄을 명했다. 당시 도체찰사都體察使인 영의정 오리梧里 이원익

(1547-1634) 정승이 나서서 선조에게 직간直諫했다.

"대왕께서도 전시戰時 중이라 신臣을 파직할 수 없듯이, 도체찰사인 신 또한 지금 전쟁을 치르고 있는 수군절도사 이순신을 바꿀 수 없나이다."

이런 오리 정승의 사람됨을, 비슷한 시기 영의정과 도체찰사를 역임한 서애西厓 유성룡(1542-1607)이 일찍이 알아봤다고 한다. 그만한 식견이니 이순신을 발탁, 백성과 조정을 임진란에서 그 정도로 나마 건져낸 것은 아닐까. 그의 저서 『징비록懲比錄』은 후세 나라 경영과 국방에 큰 '경고'가 되었다.

이순신李舜臣 장군은 온갖 비난과 모함에도 나라와 백성들을 끝까지 지켜낸 충신이자 세계사에도 드문 장수다. 백전백승百戰百勝 앞에서도 늘 겸허하고 옷깃을 여미는 참군인이다. 부하의 눈물을 닦아주는 인간적 상관이었다.

세종대왕은 글을 모르는 백성들을 위해 한글을 창제創制하고, 위대한 기술과 발명을 이끌어내 백성들의 삶을 풍속하게 하려고 부단히 애썼다. 집현전의 선비들이 한글을 만드는데 혼신의 힘을 쏟도록 이끌어간 리더십은 참으로 놀랍다.

중국을 상전上典으로 모셔온 조선조 선비들. 성리학이 영원한 진리이고, 한문漢文은 유일한 문자요, 한글은 언문諺文으로 아예 문자로 취급도 안하던 한문 독점시대, 사실상 '선비들이 지배계층으로 군림하던 사회', 전체 인구의 5%도 안 되는 양반계급이 95%의 백성들을 노예나 다름없이 부려온 봉건 전제군주 시대였다.

그러한 세상에서 백성들의 까막눈을 뜨게 하려고 헌신한 군주가 있었으니 기적이다. 축복에 가깝다. 세종대왕은 또 공功은 늘 신하들에게 돌리고자 했던 약간은 겸허하기도 했던 군주다.

하지만 나는 여기서 이런 분들의 삶이 인생의 '모범답안'이거나 그 '전형典型'이라고 말하고자 하는 건 아니다. 그렇게 될 수도 없고, 또 그럴 필요도 없다.

사람은 누구나 그 나름의 삶을 가지고 있고, 각자 존귀한 '가치價値'를 지니고 있기 때문이다. 가치 실현의 길도 다르다.

그럼에도 우리가 때론 선인善人과 악인惡人으로 평가되는 그 사람들의 역사적 생애를 살펴보는 건 왜일까. 그들의 삶이 한 번쯤은 우리들 자신의 현재나 과거를 들여다보게 한다.

2022. 10. 9.

테트라포드(Tetrapod) 방파제와 대장동 사건

부산 수영구 광안리廣安里 해변길 바다 쪽에는 높은 방파제가 있다. 멀리 푸르게 확 트인, 아름다운 바다 조망을 가로막고 있다. '테트라포드(tetrapod)'로 쌓은 500여 미터의 방파제가 높이 솟아있기 때문이다. 이곳을 찾는 관광객이나 주민들에게 늘 아쉬움을 준다.

테트라포드란 방파제를 쌓는 시멘트 블록의 일종이다. 가지가 네 개 달려 있고 엄청난 무게를 가신 구조물이다. 1년 중 늦은 여름과 초가을 사이에 어쩌다 한두 번 있는 강력한 태풍을 미리 대비하는 것이다.

그러나 파고가 6-7m가 넘으면 월파越波, 즉 방파제를 넘어선다. 이런 파도는 테트라포드조차 막기 힘들다. 그런데 이 월파가 방파제를 넘어 길을 건너는 사이에 힘이 좀 빠진다. 그래서 바다를 바라보고 있는 아파트나 건물들에 주는 충격 피해가 다소 줄어든다.

지난 추석 직전인 9월 6일, 태풍 '힌남노'가 몰아쳤을 때 이 테트라포드 방파제가 상당한 역할을 했다. 하지만 역부족이었다. 성난 파도가 방파제를 때리고 위로 10여 미터나 치솟아 올랐다. 길 포장과 보도블록을 할퀴고 아파트 상가 아래층을 덮쳤다. 두 달이 지나는 지금까지도 복구공사가 진행되고 있다.

그러나 이 테트라포드 자체는 태풍에도 전혀 동요가 없었다. 워낙 무거운데다 가지 네 개가 서로 손잡고 얽혀있는 구조이기 때문이다. 이것도 자연재해에 대비하는 인간의 '작은 지혜'가 아닌가 싶다.

그런데 어느 날 방파제 담벼락에 테트라포드의 위험을 알리는 경고문이 붙어있는 게 눈에 띄었다.

"출입엄금, 테트라포드 내 낚시 금지- 한 번 떨어지면 결코 올라올 수 없습니다."

언젠가 낚시꾼이 들어갔다 헤어나지 못해 변을 당했다고 한다. 소방관도 어떻게 손을 쓸 수가 없었다. 테트라포드 구조가 그렇게 돼있기 때문이다.

테트라포드는 거대한 월파를 방지하지만, 이처럼 때로는 극히 드물게 인명 손실도 가져올 수 있다. 사람들에게 편익을 제공해주는 사물은 대체로 이런 양면성을 가지고 있다. 자연의 법칙이기도 하다.

자연은 정말 위대하다. 때로는 엄청난 '공포'다. 태풍 '힌남노'가 몰아쳤을 때다. 우리 집은 바로 앞 도로만 건너면 바다다. 도로 폭이 10여 미터, 해변 모래사장 폭을 합쳐도 30~40m 남짓하다.

먼 바다로부터 도로까지 몰려오는 성난 파도, 테트라포드를 뛰어넘어 위로 솟구치는 월파, 밤하늘을 뚫고 창문을 때리는 강풍과 폭우, 파도가 포효하는 엄청난 굉음, 이 자연의 용틀임 앞에 우리 부부는 그날 속수무책束手無策이었다. 밤이 지새도록 기도 외에 할 수 있는 게 아무것도 없었다.

그런데 이날 내가 다시 한번 깨우친 게 있다. 겸손이다. 겸손謙遜과 함께 배려配慮는 우리들이 늘 새겨야 하는 덕목德目이다.

지금 '정치'가 성난 파도처럼 넘쳐나고 있다. 그 넘치는 정치의 소용돌이 한가운데 '대장동'이 있다. 대장동의 민낯이 국민들에게 보이지 않도록 하기 위해 엉뚱하게 민주당 사람들이 안간힘을 쓰고 있다.

그들 가운데엔 한때 화려한 '운동권' 완장을 획득한, 민주화 투사들이 앞서 있다. 세상일 참 아이러니라 하지 않을 수 없다.

나도 60여 년 전 대학 시절에 '운동'을 한 적이 있다. 언젠가 내 그런 전력을 들으신 고등학교 은사님과 지역 국회의원 반재현 의원님께서 이런 말씀을 해주셨다.

"자네, 참 고생 많았겠구나. 하지만 그건 늘 안으로 감추고 '완장'으로 내비쳐선 안 되네."

한때의 학생 '운동'이 당연히 화려한 '완장'이 되어선 안 된다. 이 완장이 거의 평생을 우려먹을 듯한 훈장이 되어선 더욱 안 된다. 운동은 한 시대의 요구로 이미 그 생명은 다한 것이다.

'완장' 정치를 하는 정치인들이 있다. 그들이 '힌남노'와 같은 거대한 파도 앞에 단 한 번만이라도 서 봤으면 하는 바람이다. 고개를 숙일 줄 알게 된다.

테트라포드는 바다의 파도는 막을 수 있지만, 국민 분노란 파도는 막지 못한다.

2022. 11. 20.

천국과 지옥을 만드는 방법

대한민국 독립 운동의 상징인 백범白凡 김구 선생은 이런 말씀을 남겼다.

"지옥을 만드는 방법은 간단하다. 가까이 있는 사람을 미워하면 된다. 천국을 만드는 방법도 간단하다, 가까이 있는 사람을 사랑하면 된다."

천국과 지옥은 멀리 있지 않다. 바로 우리 일상 삶의 곁에 있다. 아니 바로 내 마음 속에 있다. 전혀 어려운 일도 아니다.

하지만 현실에 부대끼며 살아가다 보면 누굴 미워할 수도 있고, 또 다른 누군가를 사랑할 수도 있다. 가까운 핏줄 사이에선 사랑은 거의 일상적이다. 미움은 거의 간헐적이다. 상대가 타인인 경우엔 선택적이다.

사랑과 미움이 교차할 때가 많지만 그 중간지대가 더 많다고 하겠다. 성인聖人은 모든 사람을 언제나 사랑하라고 가르친다. 보통 사람에겐 쉽지 않은 주문이다.

그런데 미워하는 것보다 사랑할 때가 훨씬 마음이 편해진다. 어차피 선택할 바엔 미움보다는 사랑이다. 성인이나 종교인이 아니더라도 사랑하는 게 자신의 마음을 더 평온하게 하는 것이 일반적이다.

사람 한평생은 잘 살아야 100년이다. 사랑을 택하는 것이 훨씬 이득이다. 우리는 남은 세월 모든 이웃, 모든 생명을 더 사랑하면서 살 일이다.

혹시 틈틈이 수행修行-명상을 하면서 살아간다면 사랑은 거의 필수다. 사랑이 없는 수행은 거짓이다. 즉, 거짓 수행이란 말이다.

수행은 우리들의 가슴에 사랑을 키운다. 사랑의 씨앗을 남에게 심어주기도 한다. 팍팍한 삶 속에서도 수행할 시간을 찾는다면 참으로 지혜로운 삶이다.

나도 30여 년 가부좌를 틀고 앉아 있기는 했지만 이 경지에는 이르지 못하고 있다. 엇비슷한 삶을 살아보려고 계속 노력하고 또 노력하고 있다.

언젠가는 내 안에서 좋은 응답이 있으리란 믿음을 가지고 있다. 믿음은 반드시 좋은 응답을 가져다준다. 희미한

신호는 지금도 오고 있다.

기적은 결코 한 순간에 이뤄지지 않는다. 많은 시간과 기다림을 요구한다. 때로는 뼈를 깎는 노력이 필요하다.

2022. 12. 4.

삼성 반도체와 대만 TSMC와의 격차가 너무 벌어지고 있다

한국의 미래 먹거리 파운드리 반도체(반도체 위탁생산) 분야에서 삼성전자와 대만 반도체와의 격차가 갈수록 벌어지고 있다.

더 걱정스러운 것은 파운드리 반도체의 소비시장이다. 미국과 중국이 가장 큰 시장인데 70% 이상을 대만이 차지하고 있다.

거기다 바이든 미국 대통령 정부의 '인플레방지법'은 '미국 우선(America First)' 정책으로 과거 '바이 아메리칸'의 재소환이다. 앞으로 미국에서 소비되는 반도체는 미국 내 공장에서 생산되는 제품에만 국한된다. 어쩔 수 없이 한국도, 대만도 대규모 반도체공장을 미국에 세울 계획이다. 두 나라 모두 입지 선정이 마무리된 상황이다.

그런데 대미국 투자 규모에서 대만이 400억 달러인데 비해 삼성은 200억 달러를 계획하고 있는 것으로 알려져 있다. 대만은 또 EU를 목표로 독일에도 공장을 짓기로 현재 협약이 진행 중이다.

다행히 메모리 반도체 분야는 삼성이 앞서 있다. 14-5 나노까지 개발에 성공한 것으로 얼마 전 발표한 바 있다.

삼성과 SK하이닉스 등 한국 반도체 회사들은 '반도체 지원특별법'에 기대를 걸고 있었다. 결과는 실망이다. 더불어민주당의 반대와 여당의 어정쩡한 태도로 국회 통과가 늦어졌다. 그나마 수도권 대학 학과 증원 등 지원 핵심 내용이 빠져버렸다.

더불어민주당은 특별법이 대기업 특혜라고, '씨도 안 먹히는 논리'를 앞세웠다. 여당인 국민의힘은 갑자기 태도를 돌변, 세수감소稅收減少가 '기업 활성화'를 이끌어낸다는 평소의 입장을 내팽개쳤다. 2조 5천 억도 안 되는 세수감소가 1천 조가 훨씬 넘는 국가 빚더미와 연 600조나 되는 예산재정에 얼마나 영향을 미치겠는가. 결국 걱정은 이번에도 국민들의 몫이다.

연말 국회의 법인세 처리는 더욱 참담하다. 미국, 유럽 등은 20% 이상 낮췄다. 하지만 우리 국회는 고작 8%다. 전경련, 상공회의소 등 여러 기업 단체가 글로벌 경쟁력을 내세우며 무릎 꿇다시피 하소연했지만 외면당했다. 우리 기업이 바깥에 나가 누구와 경쟁할 수 있겠는가.

반도체는 미래 먹거리 문제와 직결돼 있는 국가 과제다. 단순히 삼성 한 기업체의 문제가 아니다. 국민이 먹고사는 핵심 산업 발전과 관련된 국민적 관심사가 아닐 수 없다. 여당과 야당은 나라를 책임져야 할 전문적 정치집단들이다. 이런 행태에 어느 국민이 고개를 끄덕이겠는가

우리나라 국민총생산(GDP)에서 '삼성三星'이 짊어지고 있는 몫이 20%에 이른다. 그 대부분을 반도체가 담당하고 있다.

미국의 마이크론, 인텔, 퀄컴 등 반도체기업들은 이미 정리해고에 이어 채용 동결과 비용절감에 들어갔다. 반도체 수요 감소, 공급과잉으로, 세계 반도체업계에 13년 만의 거센 한파寒波가 몰려오고 있다.

사정이 이렇게 심각하고 급박한데도 정작 정부-여당과 야당은 팔짱을 끼고 있는 모양새다. 국민 입장에선 안타깝다 못해 서글퍼진다.

글로벌 기업경쟁 환경에서는 기업 혼자 힘으로 그 파고波高를 헤쳐가기 어렵다. 기업, 정부와 기관들이 한 몸이 되어야 한다. 여기에 국회, 정당이 우군友軍이 되어줄 때에 기업 경쟁력은 좀 더 업(up)될 수 있다. 특히 법을 만들고 고치는 국회의 역할이 지대至大하다.

정부는 앞으로 법집행이나 시행 과정에서 기업에 너무 가혹하거나, 경영이 위축되는 분위기 조성은 곤란하다. 기업인들이 스스로 의욕과 자부심을 가질 수 있도록 분위기를 만드는 일이 기업경영 못지 않게 급선무急先務다.

그동안 앞서 문재인 정권이 기업을 대해온 시선이 지나치게 싸늘했기에 더욱 그렇다. 우리도 잃어버린 5년 아니라 '놓쳐버린 20년'이다. 일본日本의 '잃어버린 20년'이 지금까지도 일본경제에 얼마나 가혹한 보복을 하고 있는지 우리는 지금 이 시간에도 보고 있지 않는가.

2022. 12. 18.

노르망디 상륙작전,
그날의 '날씨'가 판을 갈랐다?

작년 11월, 내가 고관절을 다쳐 병원에 입원해 있을 때다. 한 달이 지났을 무렵 담당 의사가 아침 회진을 하면서 당부했다.

"지금부터 매일 운동을 해야 합니다. 우선 휠체어 타고 간호사나 간병인 도움을 받으면서 복도를 다니세요. 그 다음엔 혼자 휠체어 타고, 다음엔 혼자 휠체어 밀면서, 또 다음엔 지팡이 짚고, 또 다음엔 지팡이 없이 걷는 연습을 '꾸준히' 하세요. 열심히 하면 한 달 안에 반드시 퇴원시켜 드리겠습니다."

어떤 날은 아침 식전, 오전, 오후, 저녁 등 네 차례에 걸쳐 100m 되는 복도를 30바퀴 3km를 돌기도 했다. 그 덕인지 인공관절 수술이었지만 입원 48일 만에 퇴원할 수 있었다.

나는 퇴원 후 집에 와서 바닷가 길을 누구의 도움도 없이 지팡이 짚고 하루에 약 3천 걸음씩 꾸준히 걸었다. 게으름이 날 때는 고통스러웠던 병원 시절을 떠올리면서 스스로를 다그쳤다. 1년이 지나 거의 원상복구가 된 듯했다.

하지만 원상태로는 돌아오지 않았다. 뭣보다 나이 탓이 컸다. 다치기 전 상태는 1년이 훨씬 지나도 되돌아오지 않았다.

그쯤에서 만족할 줄 알아야 한다는 게 생각만큼 안 된다. 인공관절을 넣었으니 그게 당연한데도 말이다.

작가 최인호의 소설 『상도商道』에 계영배戒盈杯의 얘기가 나온다. 술잔의 8할로 만족하라는 경계警戒의 말이다.

그런데 대부분의 술꾼들은 잔(杯)을 가득 채운다. 80% 쯤에서는 오히려 멈추지 못한다. 취하도록 마신다. 취기가 100%에 이르러서야 술을 마신 줄 안다.

8할 언저리에선 사람이 술을 마시지만 그 선을 넘으면 '술이 사람을 마신다.' 잘못된 주도酒道의 경고다.

어디 술의 세계에서만 이 경계가 작동하는 것일까. 아니다. 사람이 하는 일이나 과업엔 100% 성취나 만족은 거의 없다. 매사가 과반수過半數 정도로 결정되는 것도 바로 이 때문이다.

일이 잘못되는 건 대개 욕심欲心 탓이다. 한 개를 가지면 두 개를 가지고 싶고, 두 개를 가지면 세 개를 가지고 싶다. 다른 아이의 손에 있는 것까지도 자기가 가져야 직성이 풀린다.

제2차 세계대전 막바지. 당시 연합군 사령관이었던 미국 아이젠하워 장군은 상륙지점을 영불英佛 해협 노르망디 언덕 앞으로 정했다. 하지만 바다 날씨가 말썽이었다. '바다가 잔잔해야 상륙작전이 성공할 수 있다'는 게 참모들 다수의 의견이었다. 좋은 날을 기다렸다. 그러나 날씨는 사람들의 소망에 귀를 기울이지 않았다.

아이젠하워 사령관은 80% 선에서 '결단'을 내렸다. 오히려 독일의 히틀러 총통은 그런 날씨의 '가능성'을 경계하지 않았다.

결국 노르망디 상륙작전은 독일 패망을 이끌어냈고, 제2차 세계대전을 사실상 마무리했다. 역사는 간혹 엉뚱한데서 판이 뒤집히기도 한다.

지금 우리 국회가 그렇다. 절대다수의 더불어민주당은 '검찰완박'에도 만족하지 못한다. 윤석열 대통령 국정을 뒤흔들다시피 하고 있다. 가히 집권당 수준이다. '대장동'비리보다 오히려 이 '절대다수'가 민주당을 곤경에 몰아넣을 수도 있다는 언론의 지적도 있다.

경계하고 또 조심해야 할 일이다. 세상사 100% 만족은 거의 없다.

민주당은 다시 옷깃을 여며야 한다. 여기에 고난의 야당 시절을 돌아보는 지혜와 겸허는 금상첨화錦上添花다.

정치는 동서고금東西古今, 여야를 묻지 않고 국민 위에 군림하지 않는다. 날씨는 하늘의 섭리攝理라 정치를 기다리지 않는다.

2022. 12. 30.

부산은 2030 세계박람회(EXPO) 개최도시가 될 수 있다

지난 4월 7일을 끝으로 국제박람회기구(BIE)의 현지실사는 모두 끝났다. 8개국 대표들로 짜여진 실사단은 지난 2일 서울 도착 이후 1주간의 모든 일정을 마무리하고 8일 한국을 떠났다.

전남 '여수세계박람회'를 포함해서 우리나라가 지금까지 치른 유사한 국제행사 중 규모와 수익 창출, 경제적 파급효과 및 국가 품위 등 측면에서 이번 박람회는 역대 최고의 경제·문화적 '국익'을 끌어올릴 것으로 기대되고 있다.

이번 2030 세계박람회(EXPO) 개최 후보도시의 하나인 부산에서 진행된 현지실사는 다음 몇 가지 경험을 실사단에게 제공한 것으로 요약, 평가되고 있다.

첫째는 부산 북항北港의 가능성과 비전(vision) 제시다. 둘째, 일반적으로 밀집도시의 교통수단 개선 및 운영체계와

IT 첨단기술 등의 박람회 운용, 특히 이들 기술의 개발도상국에 대한 지원과 그 발전 가능성의 제공이고, 이에 따른 세계 부富의 증대, 셋째는 부산 수영구 광안리 해변에서 하늘높이 쏘아올린 불꽃쇼와 해운대 누리마루 APEC 23개국 정상회담 개최 업적 등의 제시와 함께 이날 한덕수 국무총리가 주재한 만찬장에 윤석열 대통령이 깜짝 방문, 한국의 뜨거운 개최의지를 거듭 확인하고 대표단을 열렬히 환영했다.

마지막 네 번째가 특히 인상적이었다. 해운대 최고층의 엘시티(LCT) 시그니엘 호텔을 중심으로 한 한국 음식문화 등 이른바 'K컬처' 체험 등이다. 이들 진행과정에 청년들과 부산의 대표적 기업인들이 실사단에게 보여준 부산 '사람들'의 따뜻한 친절과 열정이 눈에 크게 띄었던 것 같다.

4월 2일 대표단이 서울에 도착해서 광화문 광장에서의 환영을 거쳐서 부산으로 오는 도중 대구역에서도 적지 않은 사람들의 환영인사를 받기도 했다. 무엇보다 그들에게 평소 보기 어려운 건 대규모 인파가 아니었을까. 부산역에서 접한 첫 인파와 광안리해변 불꽃쇼에 참석한 100여만 명으로 그야말로 '인산인해'였다.

박형준 시장을 비롯, 부산시민의 뜨거운 환영 열기와 부산유치 열정은 그들 인생에도 특별한 경험을 안겨줬을 것이다.

여기서 나는 스티브 잡스(Steve Jobs 1955-2011, 미국)의 말을 떠올려 본다.

"끊임없이 도전하라 하지만 겸손하라(Stay hungry, Stay foolish), 뭔가를 믿어라. 예컨대 당신의 인생, 직감, 운명, 업보業報 등 뭐든지 말이다."

그는 한때 세계 최고의 부호였다. 애플사 창업, 아이폰 개발, 혁신적인 매킨토시 컴퓨터 제작 등 수없는 도전과 좌절을 딛고 일어선 불굴의 천재다. 불교를 믿기도 했다. 오늘 우리에게 주는 가르침 같지 않은가.

그러나 세상살이에서 모든 것들이 다 그렇다. 미국의 저명한 야구선수가 9회말 2사 상황에서 말한 명언名言처럼 '끝나도 아직 끝나지 않은 것'이다. 그래서다. 부산 출신 한국 최고의 야구 투수 최동원 선수가 한 말마따나 "한번 해보입시더, 틀림없이 될낍니더." 가수 조용필이 부른 한국 최고의 대중가요 '돌아와요 부산항에', 문성재의 '부산갈매기'도 함께 응원하고 있다.

믿음은 때론 기적과 희망을 낳는다. 2030 세계박람회의 부산 유치가 성공한다면 한국에 또 하나 희망과 기적을 안겨줄 것이다. 한국을 또 한 단계 밀어 올릴 수 있다. 부산 사람들한테는 또 한 번의 기회를 제공할 것이다.

아무튼 부산은 350만 인구 및 인적자원, 대학수와 높은 교육수준, 부산사람들의 열정, 접근성 등에서 세계 다른 도시에 비해 '가능성'은 뛰어나다고 하겠다. 전체적 도시규모로 보아 2030 세계박람회 개최 능력은 차고 넘친다.

세계는 넓지만 할 일은 많다. 우리 미래 세대에게도 아직 할 일이 적지 않다. 이 가파른 세상에 그래도 얼마나 큰 다행인가. 70년 전 그 가난했던 '보릿고개' 한국을 우리 청년 세대에게는 절대로 넘겨줄 수 없다. 이것은 거스를 수 없는 역사의 지엄至嚴한 명령命令이기도 하다.

2030 세계박람회는 부산 뿐만 아니라 한국에도 다시없는 기회다. 기회는 두 번 오지 않는다. 오는 11월의 파리를 향해 가는 길은 하나다. 바로 한마음 한뜻이다.

2023. 4. 7.

어머니는 쉬면 안 되는 줄 알았다
– '위대한 어머니', 푸른 5월의 소소한 그림들

나실 제 괴로움 다 잊으시고
기르실 제 밤낮으로 애쓰는 마음
진자리 마른자리 갈아 뉘시며
손발이 다 닳도록 고생 하시네
하늘 아래 그 무엇이 넓다 하리요
어머님의 사랑은 가이없어라

1940년경 양주동梁柱東 작시, 이흥렬李興烈 작곡의 '어머니의 마음'이다. 무려 100여 년 전 가곡이다. 아직도 '어버이날'이면 절로 입에 맴도는, 내가 사랑하는 노래다. 아니 국민 애창곡愛唱曲이다. 그만큼 어머님이 가슴 시리도록 그립다.

5월은 우리가 돌아봐야 할 날들이 너무 많다. 5월은 계절의 여왕으로 군림君臨한다. 5월 5일은 어린이날, 단오절(음력)이다. 개인적으론 장인어른의 기일忌日이다. 성당에서 미사를 드리니 멀리 갈 수 없는 나는 묵념으로 간단히 예만 갖춘다.

어머니·아버지 기일은 따로 모신다. 하지만 고향에 가는 날도 갈수록 줄어든다. 큰집 장조카에게 모두 맡긴 지도 오래됐다.

8일 어버이날, 15일 스승의 날, 16일 '5.16 혁명'일, 21일 부부의 날, 27일 부처님 오신 날(음력 4월 8일) 이다. 모두 5월 한 달, 31일 안에 다 들어 있다. 나이를 피해갈 수 없으니 제대로 챙기기도 벅차다.

그래도 어린 손주들에겐 간단한 축하 손편지 끝에는 공부삼아 영어 몇 문장을 덧붙여 보낸다. 스승의 날에는 제자들의 축하 편지와 선물에 일일이 답장을 보낸다. 아름다운 추억을 돌아보게 하는 제자들의 편지가 새삼 고맙다. 요즘 들어 해마다 편지나 문자가 줄고 있어 부담은 덜고 있다.

하지만 스승과 제자들 사이의 간극도 차츰 넓어지는 듯하다. 팍팍한 세상인심은 사제師弟의 세계에서도 점점 예외가 없어지는 듯하다. 명색이 교수인 나도 조금 씁쓸한 감정을 온전히 지울 수 없다. 한 인간으로서도 서서히 임계점臨界點에 가까워지는 느낌을 어쩌지 못한다. 스스로 자책할 때가 적지 않다.

지나간 날들은 다시 돌아오지 않는다. 이 진리를 내가 받아들이는데 무척이나 긴 시간이 필요했다. 늦었지만 이걸 알아차렸으니 그래도 얼마나 다행인가.

5월 5일 어린이날을 하루 앞둔 어제 아침, 아파트 숲길에서 아주 소소한 세 가지 일을 만났다. 이른 아침 산책길이다.

산뜻한 교복을 입은 남녀 고등학생 네 명이 서로 웃으며 앞에서 걸어오고 있다. 검정색 바탕에 흰색과 연한 하늘색이 멋지다. 싱그러운 5월의 아침햇살에 비친 그들이 너무 아름답고 '싱싱'해 보였다.

한 남학생이 나에게 목례를 하면서 살짝 비켜가다 서로 눈이 마주쳤다.

"학생, 입고 있는 옷이 교복校服인가요? 혹시 운동복인가요?"

"네 우리 학교 교복입니다."

"아, 너무 멋지게 보여서."

"감사합니다."

정중히 인사하고 지나간다. 요즘 교복은 눈에 자주 띄지 않는다. 예의 바른 학생을 만나기란 더욱 쉽지 않다. 오늘은 운이 좋았는가.

1950년대 우리들 중학교 교복은 무명천을 검정으로 염

색해서 대강 꿰맞춰 입었다. 한쪽 팔이 길기도 하고 짧기도 했다. 헐렁하기도 하고 몸에 꽉 붙기도 했다. 60년대 초 대학생 때는 부산 국제시장 뒷골목에서 구한 중고 미군복美軍服을 물들여 입기도 했다. 교복도 격세지감隔世之感이다.

오후, 아파트 건물 사이 의자에 중학교 1학년쯤으로 보이는 조그만 남학생 두 명이 담배를 피우고 있었다. 나를 빤히 쳐다본다. 그들 앞에 발을 멈췄다. 깜짝 놀란 건 걔들이 아니라 내가 먼저다. 엄청 충격이었다.

"학생, 너무 일찍 시작했구나. 담배는 건강에도 좋지 않지만 너희 부모님이나 다른 사람들에게도 피해를 주지 않나요. 다시 한번 깊이 생각해 보세요."

"네, 알겠습니다."

그러면서도 담뱃불은 손끝에 쥐고 있다. 나는 쓴웃음을 지으며 돌아섰다.

나는 어린 시절 대부분을 농촌에서 살았다. 내가 외지外地로 나온 건 스무 살이 넘어서다. 그때 농촌은 부자든 가난한 자든, 지주든 소작인이든 모두가 농사로 먹고 살았다. 우리 집은 논이 100여 마지기였다. 한 마지기가 약 200평이니 동네에서는 대농大農인 셈이었다.

하지만 대농은 '빛 좋은 개살구'였다. 팔 남매 중에서 위로 형님 두 분과 큰누님 외에는 나머지 다섯은 아들딸 대접은 '언감생심'이다. 형님 두 분은 1950년대 서울 유학생이었고 큰누님은 공주사범학교를 다녔다.

우리 동네는 한두 집 빼고는 모두가 다 농사다. 학교 선생과 금융조합 직원 집만은 농사일을 다른 사람에게 맡기고 있었다. 동네 사람들은 그들을 부러운 눈길로 바라보기도 했다.

농사가 그만큼 힘든 일이다. 한여름 논매기에 팥죽땀을 흘려보지 않은 사람은 짐작도 못한다. 그런 논매기를 세 번이나 해야 한다. '세 벌 논매기'다. 쌀 한 톨에 농사꾼의 땀이 한 말(1斗)이다.

내게는 어머니가 두 분이시다. 다른 한 분은 경북고 1학년 때 사고로 세상을 일찍 떠나가 버린 막역한 친구의 어머니이시다. 나를 너무 사랑하고 알뜰히 돌봐주셨다. 친구의 종조부님이 주지住持로 계시는 깊은 남산골 신둔사薪屯寺에 무려 1년이나 묵게 해주셨다. 간혹 시오 리(6km) 가파른 산길을 마다 않고 반찬도 해다 주셨다. 밤에는 호랑이도 설치는 무서운 곳이다.

나는 물 맑고 공기 좋은 곳에서 몸을 보補할 수 있었다. 폐앓이가 거의 다 나았다. 나는 그 사랑과 은혜를 평생 잊을 수 없다. 잊어서도 안 된다. 하지만 보답할 길은 막막하다.

중학교 때 축구공에 옆구리를 세게 맞아 늑막에 물이 차서 폐결핵을 얻었다. 내가 경북고 2학년을 중퇴한 것도 그 때문이다.

당시 미국·영국 등이 원조물자로 보내 준 기적의 '마이신' 주사와 약을 만나지 못했다면 그 후의 내 삶은 장담할 수 없었을 거다. 우리 읍내 유일의 '약종상藥種商'이자 무면허 의사(?) 한 분이 있었다. 내가 그 김 선생님을 만난 것은 천운天運이었다. 아버지의 '막강한 힘' 덕을 본 것은 그때가 내 생애 처음이자 마지막이다.

친구는 1945년 해방 후부터 화양초, 모계중, 경북고를 함께 다녔다. 그때를 생각하면 지금도 맘이 아려온다. 여동생은 대구로 시집가서 잘 살고 있다. 너무 맑고 여리다. 내가 전화만 하면 먼저 울먹이니 자주 전화도 못한다. 나이가 환갑을 넘긴 지금도 그렇다.

큰남동생은 대구에서 중·고등학교 교장으로 은퇴했다. 작은남동생은 부산으로 불러왔다. 결혼해서 직장에도 보냈다. 동생들의 아이들은 대구, 서울, 부산에서 모두 대학을 나와 세상을 살 헤쳐가고 있다. 내게는 작지 않은 행운이자 축복이 아닐 수 없다.

어버이날, 내가 중학교 때 일찍 돌아가신 어머니가 새삼 떠올랐다. 워낙 대가족이라 어머님은 거의 쉴 틈이 없으셨다. 할아버지·할머니 봉양奉養이 최우선이다. 그 다음이 아버지 뒷바라지다.

조선시대를 관통해 온 양반문화의 잔재는 그대로였다. 성리학性理學 공부도 오히려 우리 선비들이 중국을 제쳤다. 전체 인구의 5%도 안 되는 '사대부士大夫'들의 사대事大와 중화中華는 몸에 배어있었다. 그들의 DNA다.

조선조 사대-중화의 최고봉인 좌의정 우암 송시열(宋時烈 1607-1689)의 '만절필동萬折必東'은 지금도 요지부동의 진리로 통한다. 황하黃河가 만 번을 꺾여도 끝내는 동으로 흐른다. 이 글은 충청북도 단양과 경기도 가평 산골짜기 바위에 새겨져 있다고 한다. 손오공이 아무리 재주를 피워봐야 부처님 손 안이다.

만절필동, 이 중국 고사는 중국 본토보다 조선조 선비들이 더 철저했다. 아니 문재인 정부 들어 더 기승을 부렸다. 누군가 문 정부 주중대사로 첫 부임할 때다. 중국 주석 시진핑 앞에서 이 고사를 끌어다대고 머리를 조아렸다. 더 이상 무슨 말을 하겠는가.

해방이 된 후에도 이 양반 잔재는 조그만 시골 마을을 지배하고 있었다.

아버지는 해방 후 면장을 지냈고, 그 후에는 수리조합을 일궜다. 작은 못을 만들어 농사 물길을 내는 일이다. 못 아래는 서상동, 동상동, 질매끝, 하천리, 눌미동, 교촌동 등 일곱 동네가 살고 있다. 지금 화양읍 주민 대부분을 아우른다.

집에는 농사일을 맡아 하는 일꾼 아저씨(머슴) 두 분과 부엌일을 돕는 '식모(食母-가사도우미)' 한 분이 입주入住해 있었다. 나는 저녁에 자주 대문간 입구에 있는 일꾼 아저씨들 방에서 새끼 꼬기를 좋아했다. 아저씨들도 나를 무척 아껴주셨다.

어머니는 거의 하루 종일 일에서 벗어날 수 없었다. 저녁상들을 물리고 설거지가 끝나도 어머니 손은 물에 젖어있었다. 할아버지·할머니 이부자리 펴드리고, 다음날 면으로 출근하시는 아버지의 의관衣冠을 챙기셔야 했다. 100여 두락斗落 대농大農은커녕 빈농貧農도 못 되었다. 적어도 어머니의 삶은 그랬다. 어쩜 타고난 성품 탓도 있으셨던 거 같다.

아래로 다섯 남매는 언제나 뒷전이었다. 제때 밥상에 끼이지 못하면 그것으로 끝이다. 아마 그 시절은 다 그랬을 것이다.

어머니는 아예 쉴 수가 없었다. 쉬어서도 안 되는 줄 알았다. 그때는 내가 너무 철부지不知였다. 봄·여름·가을·겨울, 사계절을 구분 못했다. 하긴 '시근(철)'이 없기는 지금도 마찬가지다.

어머니는 일에 지치셨는지 내가 중학 2학년 때 병을 얻으셨다. 끝내 일어나지 못하셨다. 그때서야 이 세상에서 다시는 어머님을 뵐 수 없다는 슬픔이 강물처럼 밀려왔다. 내가 얼마나 큰 불효不孝를 했는지 막급한 후회가 그 후의 내 삶에서 지워진 적이 없다.

이 얘기는 아직 누구에게도 한 적이 없다. 아이들에게도 들려주지 않았다. 아들, 며느리, 손주들이 옛날 집안일에 얼마나 귀를 기울일지도 나는 알 수 없다. 그래도 아내한테는 어렴풋이나마 우리 집 그런 내력을 대충은 얘기했다.

어제 5월 25일 밤늦게 다시 이 글을 손보고 있을 때다. 한밤중인데 느닷없이 내 휴대폰이 시끄럽게 울었다. 낯선 번호다. 50여 년 전 우리 마을을 떠나 경기도 부천으로 간 초등 한반 친구 윤진영이다. 그때 농촌은 먹고살기조차 힘들었다. 무작정 외지로 나간 사람들이 너도나도 한둘이 아니었다.

그런 그가 팔순을 넘어 망구십望九十, 아흔을 바라보는 나이에 고향마을을 찾았다. 옛 친구 집이나 마을회관에서 2~3일간 머물며 어린 시절 고향의 '마지막' 정을 한껏 묻혀 가고 싶다는 것이다. 수구심首丘心인가 보다.

부디 인생 마지막 '화려한 고향 외출'이 친구에게 허락되기를 기도한다. 그의 여행이 더욱 아름답도록 큰집 장조카에게 신신당부했다.

지난 음력 2월 말일(28일)은 어머님 기일忌日이다. 바닷가로 나갔다. 눈앞에 부산광안대교와 그 뒤로 이어지는 아득한 넓은 바다. 그래서 광안리廣安里다. 나는 하염없이 그 바다를 바라보며 슬프고 아련한 그때의 추억들을 되씹었다.

다른 한 분 어머님도 일찍 돌아가셨다. 슬픔 위에 또 더 큰 슬픔이 겹쳤다. 한줌의 뜻도 없는 허망한 추억이다. 하지만 나는 지금 그럴 수밖에 없다.

내 나이 이제 여든다섯(85). 몇 번의 어버이날이 내 앞에 다가올지 알 수 없다. 그건 '신神의 영역'이니까.

나반 오늘 어버이날, 나는 어느 유행가 가사처럼 "불효不孝자는 웁니다." 아무리 처절하게 외쳐봐야 허공에 맴돌 뿐이겠지요.

두 분 어머님, 이제는 저 세상 피안彼岸에서나마 부디 편히 쉬십시오. 소자小子는 무릎 꿇어 기도합니다. 천상天上에 메아리로 울리길 감히 소망합니다.

'위대한 그 이름 어머니.'

2023. 5. 8. 어버이날

어버이날이면 나는 몰래 숨어 운다, 여말선초麗末鮮初와 조선 중기의 시가詩歌 두 수

늦가을 어느 날보다 더 화창한 5월 15일은 가슴 '찡'하게 울리는 시가詩歌 한 수首를 읊어 보고, 친구 당신과 더불어 즐기고 울고 싶어진다. 아마도 내가 오늘 아주 옛날의 이 시가 문득 가슴에 꽂힌 때문이 아닌가 싶다.

어버이 살아실 제
섬길 일란 다하여라
디나간 후면
애닯다 어이하리
평생에 고쳐못할 일이
이뿐인가 하노라.

여기서 '섬길 일란'은 내게 효도孝道할 일이 아직 남아있다면 훗날 후회함이 없도록 철저히 모시라는 뜻이다.

그 다음 구절 '디나간 후면'은 더 덧붙일 것도 없다. '지나간 후'를 말한다. 이 시가의 작자作者로 알려진 송강松江

정철(鄭澈, 1536-1593, 경기 강화도-종로, 서울)은 가사문학의 대가大家로 널리 평가 받고 있다. 고려高麗 말기에 시작하여 조선 중기中期 명종明宗때 까지 우리 가사문학을 절정絕頂으로 이끌었다.

그래서 오늘은 고려 말기高麗末期와 조선 중기朝鮮中期에 크게 활동한 두 사람의 가사문학 대표적 시가詩歌 두 수 중에서 여기 다시 한 수를 더 적어 친구 너와 더불어 지난날을 살펴보고자 한다.

우리나라 가사문학의 또 다른 평가를 받는 고려 말기의 시가 한 수를 더 보탠다. 그래야 우리 가사문학의 큰 줄기를 파악할 수 있을 것이기 때문이다.

오백년 도읍지都邑地를
필마匹馬로 도라드니
산천山川은 의구依舊하되
인걸人傑은 간듸 없다
어즈버 태평연월太平煙月이
꿈이런가 하노라

여기서 '도라드니'는 돌아본다는 의미다. '산천은 의구하되'는 산천은 그대로 옛날과 다름없다는 뜻이다. '인걸은 간듸 없다'는 '뛰어난 과거 인물은 이미 사라지고 없다'는 뜻이다. '태평연월'은 크게 평화로웠던 세월, 즉 고려 때를 의미한다.

야은冶隱 길재(吉再, 1353-1419, 판문하부사判文下府使, 고려말-조선초)는 포은 정몽주, 목은 이색과 함께 3은으로 불린다.

우리나라 가사문학歌辭文學은 독특한 문학 장르(genre)라고 하겠다. 가사문학은 고려高麗 말기에 시작하여 조선 중기 명종明宗때 가사문학의 대가 정철鄭澈이 살던 때에 절정에 오른다. 두 사람의 가사문학의 대표적인 시가를 여기 옮겨봤다. 좀 더 자세하게 살펴서 읽는 사람의 이해를 더욱더 넓혔으면 한다.

나는 어버이 살아 계실 때 제대로 효도 한 번 못한 불효자다. 내가 어릴 때 두 분 부모님은 일찍 세상을 떠나셨다. 울고 싶어도 울 곳도 없었다. 어버이날이면 혼자 바닷가를 거닌다. 광안리 앞 잔잔하고 푸른 바다에 혹시나 어머니 모습이 비칠까 무심코 걷기만 한다. 낙조가 곱게 물들 때에야 발길을 돌린다.

2023. 5. 15.

흑인黑人 소년이 대서양 망망대해茫茫大海에서 살아난 기적, '믿음'의 힘이 진실로 크다

오늘은 유럽의 한 화물선이 안개 자욱한 대서양을 횡단하고 있었을 때 한 '작은 거인巨人'이 보여준 '인간 기적'으로 글을 시작한다.

우리는 흔히 물 위를 걷거나 하늘을 나는 걸 '기적'이라 한다. 하지만 기적은 반드시 그런 것만은 아니다.

앞서 내가 말한 그 화물선의 선미(船尾, 배의 꼬리부분)에서 허드렛일을 하던 흑인 소년이 발을 헛디뎌 세차게 출렁이는 바다에 빠지고 말았다.

소년은 도와달라고 소리쳤지만 아무도 듣지 못했고, 세찬 파도에 밀려 배에서 점점 멀어져 갔다.

소년은 살아야 한다는 본능으로 차가운 바다에서 전력을 다해 가느다란 두 팔과 두 다리를 휘저었다. 그러면서 소년은 머리를 물 밖으로 내밀어 배가 멀어져 가는 방향을 주시했다.

그러나 배는 점점 더 작아졌고 급기야 아무 것도 보이지 않았다. 소년은 망망대해茫茫大海에 혼자 남겨졌다. 더는 팔을 움직일 힘도 없었고, 이제 바다 속으로 가라앉을 일만 남았다.

"그래, 포기하자!" 그런 마음을 먹었을 때다. 갑자기 자상한 선장船長의 얼굴과 따뜻한 눈빛이 떠올랐다.

"아니야, 선장님은 내가 없어진 사실을 알고 꼭 나를 구하러 오실거야!"

마지막이라고 생각했던 순간, 흑인 소년은 다시 살아날 수 있다는 믿음과 희망이 가슴에 떠올랐다.

바로 그때 멀리서 배가 자기 앞으로 다가오고 있었다. 그 순간 소년의 눈이 반짝였다. 소년은 다시 팔을 저어 헤엄을 치기 시작했다.

소년은 나이 16살에 지나지 않았지만, 선장에 대한 자신의 믿음이 틀리지 않았고, 그 믿음이 얼마나 소중하고 얼마나 큰가를 깨달았다. 선장은 평소 허드렛일을 하는, 또 흑인인 자신을 다른 어른 선원들과 차별하지 않았다. 뿐만 아니다. 자상한 얼굴을 잃은 적이 없다. 거친 파도를 헤치면서 거친 일을 하는 많은 선원들의 마음을 다독이는데도 소홀함이 없었다.

선장은 구조 밧줄을 잡고 배 위로 올라온 소년을 와락 껴

안았다. 소년의 눈에서 눈물이 끊임없이 흘러내렸다.

"선장님, 선장님은 제게는 하느님입니다. 예수님입니다."

"아니다, 오히려 네가 나를 구원해준 하느님이다. 오늘 네가 내게 하느님을 보여주었구나. 믿음의 힘이 이토록 크구나."

선장은 좀 전까지 소년을 구하러 가야 할까 망설였던 자신이 부끄러웠다.

처음부터 끝까지 이 광경을 지켜보던 선원들의 냉담한 얼굴이 드디어 펴지기 시작했다. 흑인 소년의 '진실'을 알게 되었고, 선장을 존경하는 마음이 더욱 두터워졌다.

그 후 이 화물선의 '작은 기적'이 업계에 알려지면서 선적 주문은 정말 '폭주'했다. 선주船主는 더 환경이 좋고 안전한 배로 바꿔주었다. 선원들의 지갑도 종전보다 훨씬 두터워졌다. 무엇보다 큰 기적은 믿음의 힘을 깨닫기 시작했다는 것.

흑인소년 뿐만 아니라 선원들과 화주 및 주변 모든 사람들의 삶을 아름답게 가꾼 이 얘기는 이게 끝이 아니다. 세상은 아직 살만한 터전임을 '웅변'으로 보여준 것이다.

'진보와 더 나은 삶'이라는 이름으로 자신들의 이익과 권력과 그 영역領域을 확장하려는 집단이 더 이상 활개 치는 일은 없어야 한다.

누구에게나 '진실'은 결코 두 개일 수가 없다. 세상은 넓고 우리가 모르는 게 너무 많다. 지구 밖으로 눈을 돌리면 이 세계의 인구수만큼 기적奇跡이 널려있다. 사람이 보지 못할 뿐이다.

2023. 8. 8.

이 비정非情한 도시의 잠 못 드는 여름밤, 그래도 푸른 옷 갈아입은 봄처녀는 온다

오늘은 미국 뉴욕의 라과디아공항(LaGuardia 空港)에 얽힌 미담美談 한 토막으로 이 글을 시작한다.

미국 국가 창립 이후 최대 위기의 하나였던 대공황(大恐慌, 1929-1933) 시절, 뉴욕의 한 재판정에서 당시 재판장을 맡은, 그 유명한 피오렐로 헨리 라과디아(Fiorello Henry La Guardia) 판사判事의 판결문을 먼저 간단히 소개한다.

"나는 오늘 굶주린 이런 손녀孫女들에게 빵 한 조각을 먹이기 위해 도둑질을 해야 하는, 이 비정非情한 도시(뉴욕)를 만든 여러분들에게 그 죄罪를 물어 이 법정 방청석傍聽席에 앉아 있는 모든 사람들에게 50센트(cent)씩의 벌금罰金을 신고宣告합니다."

재판장은 자신의 모자를 법정 경찰에게 건네고, 스스로 먼저 모자에 50센트를 넣었다. 법정 경찰은 모두 57달러(dollar) 50센트를 모금, 재판장에게 다시 건넸다.

졸지에 죄인이 되고 벌금까지 물게 된 방청객들은 얼굴이 붉으락푸르락했다. 하지만 라과디아 판사는 아랑곳하지 않았다. '벌금'으로 걷은 그 돈에서 벌금 10달러를 제除하고 나머지 47달러 50센트를 이 노파老婆의 손에 쥐어주었다.

할머니는 연신 고맙다면서 눈물을 그치지 않았다. 방청석 사람들 눈에서도 눈물이 고였다.

다음날 아침 뉴욕타임스(New York Times, NYT)는 이 훈훈한 미담美談을 크게 보도했다. 따뜻한 할미꽃 한 송이가 자본주의 미국 법정에 피어난 것이다.

이 판결은 미국이 1930년대 대공황을 이겨내는데 적지 않은 영향을 미친 것으로 알려져 있다.

자본주의 체제(資本主義 體制 Capitalism System)는 태생적胎生的 한계限界를 갖고 있다. 그 당시 자본주의 한계와 모순을 열거하며 비판에 나섰던 사회주의社會主義 공산주의자共産主義者들은, 그들 스스로의 모순矛盾을 극복하지 못했다. 역사의 전면前面에서 모두 사라졌다.

80년대 소련의 고르바초프를 필두로, 공산주의-사회주의자들이나 그 계열 학자들도 같은 운명의 나락那落으로 떨어지는 비극을 피하지 못했다. 극단적 체제 조직을 키운 몇 안 되는 독재자들만 나라를 겨우 지탱하고 있다.

미국은 이 자본주의 한계에서 벗어나 전 세계로 뻗어나

가는 동력을 얻은 셈이다. 경제뿐 아니다. 국제 정치적으로 미국을 사실상 세계 최강의 리더(leader)로 끌어올렸다.

미국 뉴욕시에는 2개의 공항(空港 Airport)이 있다. 하나는 J.F.K공항이고, 국제선 전용이다. 다른 하나는 라과디아 공항(LaGuardia Airport)으로 사실상 국내선 전용이다. 다른 주차장들과는 달리 법관전용 주차석이 있다. 더더욱 눈길 끄는 건 장애인, 상원의원보다 앞선 순서다.

존 피츠제럴드 케네디(John Fitzgerald Kennedy) 미국 대통령은 우리들에게도 워낙 잘 알려져 있는 사람이다. 여기서 굳이 더 설명할 필요가 없다.

피오렐로 헨리 라과디아 재판장은 이탈리아계 이민移民 자손이다. 우리에겐 낯선 미국인이다. 하지만 그의 미담은 이 시대 우리에게도 여전히 유효하다. 곱씹어볼 만한 가치가 충분하다.

라과디아는 법관法官으로서보다 정치인으로 더 기억되고 있다. 우리나라 어느 대법원장은 아예 비교 대상에도 들지 못한다. 정말 부끄러운 시대 참사慘事다.

대공황 시대를 살아온 라과디아 판사는 그 후 뉴욕시 하원의원에 당선되고, 시장市長을 세 번 연임連任하는데도 성공했다. 재임 중 이 라과디아 공항을 건설한다. 이 전설적 판사 얘기는 이렇게 우연한 기회에 태어난 것이다.

이야기는 다시 우리들에게로 돌아온다. 어제오늘, 서울, 부산, 대전, 분당 등지에서 흉악범죄가 이어지고 있다. 서울 관악구 신림동에선 등산 가던 여성이 칼부림으로 죽었다.

은행 쪽으로 눈을 돌려도 위안 받지 못하는 건 마찬가지다. 시중 대형 은행銀行들의 비리와 범죄도 그칠 줄 모른다. 직원들이 은행 돈과 고객이 맡긴 돈 수백억 원을 횡령하는 금융 범죄가 끊이지 않는다. 영화에 나오는 '갱단'처럼 시뻘건 대낮에 은행을 덮쳐 돈을 강탈하는, 간 큰 범죄도 없지 않다.

은행을 정말 '금융'이라 할 수 있을까. '금융인'이 부끄러워 고개를 들고 다닐 수 없을 듯하다.

은행들은 정부의 고금리高金利 정책 유지로 이자 장사에만 열중한다. 2022년 3분기 기준 시중 6대 은행의 이자 순이익은 31조 4천억 원, 1년 단위로는 128조 원으로 추정된다. 그들만의 돈 잔치를 벌이고 있다. 땅 짚고 헤엄치듯 수십, 수백 조씩 벌어들인다. 이 어려운 경제에도 '성과급'이란 이름으로 임직원들에게 돈을 물 쓰듯 하고 있다. 아니 뿌리고 있다.

이름이 좋아 성과급이지 구체적으로 어떤 성과를 어떻게 냈는지 알 수가 없다. 연봉 평균이 대기업보다 높은 1억을 웃돌고 있다는 보도도 있다. 이 폭염에 가만히 앉아서 뙤약

볕에 노출된 적도 없는 '양반兩班 토호土豪'들에 가깝다.

아프리카 수준의 국제경쟁력을 더 끌어올릴 생각이나 투자投資는 꿈도 꾸지 않는다.

1930년대 미국의 라과디아 판사는 지금 우리들에게 허락許諾될 수 없을까. 이 잔인하고 가혹한 '범죄도시'에 살고 있는 죄를 물어 서민庶民들의 허탈을 달래주고, 취업 못한 젊은 청년들의 앞길을 열어줘야 한다.

그야말로 '정의와 공정과 유정有情'이 강물처럼 흘러넘치게 해야 한다. 그러지 않으면 이 역사의 중대한 고비에서 주저앉게 된다.

'묻지마범죄'는 미국에서만 일어나지 않는다. 불행하게도 한국도 결코 예외가 아니다.

라과디아 판사의 '이 비정非情한 도시들', 연일 폭염暴炎 때문에만 잠 못 드는 '여름밤'이 아니다. 들끓는 모기 때문도, 거리를 폭주하는 오토바이 폭음爆音이나 엄청난 굉음轟音 때문도 아니다.

'묻지마범죄'는 이 여름이 다 가고, 가을이 오고, 겨울이 와도 '비극'을 멈추지 않을 기미幾微다.

희망의 계절, '푸른 옷을 입은 봄처녀'가 적이 기다려지는 요즘이다.

2023. 8. 24.

인생의 잔고殘高가 얼마인지는 아무도 모른다

– 시詩, 소설小說, 수필隨筆, 미술美術 등 예술에서 그리는 사람의 안內과 밖外

"국경國境의 긴 터널을 빠져나오자, 눈의 고장이었다. 밤의 밑바닥이 하얘졌다. 신호소信號所에 기차汽車가 멈춰 섰다. 건너편 자리에 처녀가 다가와 시마무라(島村) 앞의 유리창을 열어 젖혔다. 차가운 눈기운이 흘러들어왔다. 처녀는 창문 가득 몸을 내밀어 멀리 외쳤다. 역장驛長님 역장님!"

일본 근현대의 대표적 소설가 '가와바다 야스나리(川端康成 1899-1972)'의 작품 '설국(雪國 유숙자 옮김, 민음사)'은 이렇게 시작한다. 이 서두序頭 부분은 아름답고 순수하기로도 정평定評이 나있다.

소설은 일본 북동부北東部에 있는 니가타와 군마群馬 사이의 '유자와'라는 조그만 마을이 무대다. 니가타는 일본의 유명한 쌀과 술 생산지다. 눈도 엄청 내리는 폭설暴雪 지역이다. 재일동포 강제 북송으로도 유명하다.

'설국'은 그 배경 '묘사'가 특출한 작품이다. 노벨문학상 수상도 이런 서사와 서정적 묘사가 한몫을 했다고 느낀다.

일본의 전통과 문화를 상징하는 갖가지 생활 도구와 악기樂器 등이 등장한다. 작가 가와바다 야스나리는 이런 소품小品들을 동원하여 일본 문화를 널리 세계에 알리고자 하는 작품 의도意圖를 굳이 피하려고 하지 않는다.

게이샤(妓生), 기모노, 사미센과 그 연주, 다다미, 게다(나막신), 가부키(춤), 료칸(일본의 전통적 여관旅館) 등은 일본을 처음 대하는 외국인들에게는 낯설다. 하지만 일본 문화나 전통을 이해하는데 꼭 필요한 '도구'들이기도 하다.

'설국'은 일본인들에게 첫 노벨문학상의 영예榮譽와 함께 일본의 문학적 자부심과 가능성을 일깨워주는 큰 역할을 했다. 특히 일본의 시인·소설가·미술가 등 문예인들의 작가적 저력底力을 내외에 보여줬다고 하겠다.

다음은 역시 일본 근현대 작가의 한 사람인 고미가와 준페이(五味川純平 1916-1995)의 대하소실大河小說 '인간의 소선(人間의 條件 전6권)'을 좀 다른 차원次元에서 들여다보려고 한다.

"눈은 그칠 줄을 모르고 줄기차게 쏟아졌다. 멀리서 반짝이는 불빛까지 가리는 것 하나 없는 어두운 광야廣野를 조용히 발소리를 죽이며 시간이 흘러갔다. 무심코 쏟아져 내리는 눈이 마침내 사람이 누워있는 모양의 낮고 작은 언덕을 만들었다."

'인간의 조건'의 마지막 부분 서술이다. 주인공主人公 '가지'는 1945년 2차대전 막바지 소만국경(蘇滿 國境 소련과 만주) 전투에 끌려 나간다. 원래 그는 군징집軍徵集을 면제받은 만주의 일본 군수회사 노무관리자勞務管理者 중 한 사람이다.

군국주의 일본은 만주의 풍부한 자원을 보다 더 효과적으로 강탈하기 위해 탄광-철강炭鑛-鐵鋼 회사를 세운다. 그는 이 회사의 채광부採鑛夫로 일하는 1만 여명의 중국 노동자들을 관리하는 노무담당이다. 미치코라는 현지 일본 여인과 결혼도 했다.

하지만 호시절好時節은 오래 가지 못했다. 전쟁 막바지에 군인 조달과 군수품 수급이 어려워진 관동군關東軍은 군복무 면제자免除者도 징집한다.

주인공 가지는 도쿄(東京)대학 상학부를 졸업한, 보기 드문 엘리트다. 그는 새로운 땅 중국 만주에 대한 호기심好奇心으로 일본에서 만주로 건너가게 된다. 이것이 비극의 단초端草다.

가지는 늘 일본 군국주의자들이 벌이는 전쟁 자체를 증오했다. 거기다 만주를 강제 점령한 일본군이 중국인 포로들을 대하는 '인간 이하以下'의 태도가 그에겐 견디기 어려운 인간군상人間群象의 참상慘狀이다.

그러나 전쟁은 그의 이런 생각을 완전히 무너뜨렸다. 그는 방황하고 또 방황하다 자신의 만주행을 후회한다.

'불패不敗'의 일본 관동군은 뒤늦게 참전한 소련 희대의 독재자 스탈린의 공산군共産軍과 벌인 소만국경 전투에서 궤멸 상태로 참패한다. 살아남은 관동군은 대부분 소련군의 포로가 된다.

가지는 끊임없이 포로수용소에서 달아날 틈을 엿보다 어느 날 탈출에 성공하지만 갈 데가 없다. 만주에 이주한 일본인들은 본국으로 떠났거나 짐을 쌌다.

그는 넓은 만주벌판을 무작정 걷는다. 먹을 것도 없고 입을 것도 없는 그는 당연히 갈 데도 없다. 그렇게 걷고 또 걸었다. 며칠이 지나고 견디지 못한 그는 결국 허허벌판에 쓰러지고 만다.

동시에 화려했던 한 일본 지식인 가지의 꿈이, 비극적인 한 일본인 '청년'의 희망이 퍼붓는 눈과 함께 만주 벌판에 묻혀버렸다.

일본열도에 갇혀있던 일본은 '식민지' 신세였던 한반도를 발판으로 중국 대륙을 집어삼키려던 허망虛妄한 꿈을 접어야 했다. 일본 군국주의軍國主義의 태생적 한계限界이기도 하다.

2023. 9. 30.

가을 단상斷想
– 이 가을이 내게 불러다 준 애절한 노래·영화

"흠 없는 연기를 했다고 느끼는 순간이 퇴장退場할 때다."

제32회 아카데미(Academy賞) 시상식에서 영화 '벤허(Ben-Hur)'의 주인공 찰톤 헤스턴(Charton Heston 1923-2008 미국)이 한 말이다. 얼마나 자기 성찰적省察的이고, 얼마나 자신을 사랑하는 자세인가.

우리뿐만 아니다. 특히 정치하는 사람들에게도 꼭 들어맞는 말이다.

찰턴 헤스턴은 뒤에 전설적인 영화감독 세실 B.데밀의 이름을 딴 상도 받았다. 세실도 한때는 배우였다.

내게는 '벤허'와 함께 오래 기억하는 영화가 또 있다. 구약성서舊約聖書 모세 오경五經을 배경으로 하는 '십계十誡'와 '바람과 함께 사라지다'이다. '십계'의 모세(Moses)역 또한 찰턴 헤스턴이 맡았다. 벤허와 모세는 내게는 그야말로 '영원한 벤허'이자 '영원한 모세'다.

미국 캘리포니아주 로스앤젤레스의 할리우드(Hollywood)는 세계 굴지의 영화 산지産地다. 아니 영화의 출발점이다. 어떻게 이런 대작大作이 그 시대에 가능했는지 불가사의不可思議다.

엄청난 자본, 호화스러운 캐스팅과 출연진, 대규모 세트, 특히 3시간 40분의 런닝타임 등 우리 시대엔 다시 경험할 수 없는 영화가 아닐까.

제2차 세계대전 전후 유럽의 수백만 유대인들은 미국의 뉴욕 등지로 건너갔다. 또 한 번 '이산(離散 Diaspora)'의 시작이다. 이들은 희대의 독재자 독일의 히틀러, 소련 철권鐵拳 정치의 상징인 스탈린의 '유대인 학살-핍박'을 견딜 수 없었다. 폴란드 아우슈비츠에서 벌어진 200만이 넘는 유대인 학살은 대표적 비극이자 인류 역사상 대참사다. 그 잔악상이 하늘을 경악시킬 정도로 끔찍했지만 유대인들은 핍박에 굴복하지 않았다. 절치부심切齒腐心, 열심히 돈을 벌고 모았다. 그 자금이 대작 영화의 바탕이다. 기독교의 부흥이자 독재자 히틀러, 스탈린에 대한 소리 없는 복수다.

모세의 '십계'는 그리 높게 평가되는 영화는 아니다. 모세는 수천 년 전前 이집트에서 노예로 살던 이스라엘 백성들을 이끌고 '애굽(Egypt)'을 탈출하는데 성공한다. 홍해紅海가 그들의 앞을 가로막는다. 이스라엘 노예들이 탈출한 사실을 뒤늦게 알게 된 이집트군이 뒤에서 추격해온다. 정말 위기일발이자 절박한 상황이다.

모세는 하늘에 울부짖는다. "하나님, 어찌 이런 시련을 주십니까!" 그때 갑자기 하늘에서 하나님 계시啓示가 내려온다. 홍해紅海가 열리는 기적이 일어난다. 모세는 기적의 바다는 건넜지만 너무도 척박한 광야廣野에서 또 40년이나 헤매야 했다. 물 한 방울 구하기도 어려운 곳이다.

엄청난 고난苦難과 기나긴 인내忍耐의 세월이다. 드디어 10가지 계명이 새겨진 '십계명판十誡命板'을 받는다. 하지만 명판이 그에게 현실적 도움이 안 된다고 생각한다. 명판을 집어 던지는 불경不敬을 저지르고 만다. 모세는 두 번이나 하나님을 부정한 셈이다.

그래도 하나님은 그를 용서한다. 하나님의 깊은 뜻을 깨달은 모세는 다시 일어서서 이스라엘 백성들을 이끌고 '꿀이 흐르는' 가나안 동산에 다다른다. 그때 이스라엘 백성들은 하나님의 큰 사랑과 은총을 받아들일 만큼 선善하지 못했다. 지금의 이스라엘을 보면 도무지 상상이 안 되는 일이다.

고대古代 이스라엘 왕국의 역사는 너무도 험난하게 이렇게 시작한다. 로마의 지배도 당하고 또 한때는 지금의 이슬람 페르시아에 포로로 끌려가기도 했다.

나는 모세의 엄청난 인고忍苦와 백성들을 끝까지 버리지

않고 사랑하는 그 마음을 경외한다.

영화 '벤허'는 고대 이스라엘이 로마의 지배를 받으면서부터 막이 열린다. '벤허'의 주역 '유다 벤허'는 당시 이스라엘의 큰 부자였다. 그의 절친切親인 메살라는 거의 매일 벤허와 함께 했다.

그는 벤허의 여동생 에스더를 좋아했다. 하지만 그녀의 마음을 얻지는 못한다. 일찍이 메살라의 비인간적 성격을 알아차린 건지는 모르겠지만…….

메살라는 끝내 친구 벤허를 배신背信한다. 이 배신 '덕분'에 그는 부富와 지위를 얻고 출세한다. 조국 이스라엘까지 배신한다. 그는 이스라엘을 식민지로 지배한 당시의 로마 군軍의 앞잡이가 되어 벤허가家를 박살낸다.

메살라는 벤허의 여동생 에스더와 어머니를 나환자 골짜기로 쫓아낸다. 그늘은 '문둥병' 환사가 된나. 재산도 다 빼긴다. 마지막에는 친구 벤허까지 로마군의 노예로 팔아먹는다.

영화의 압권은 로마의 원형경기장에서 벤허와 메살라가 펼치는 전차 경주(戰車競走 chariot racing)다. 전차 경주는 로마 귀족 청년들의 근육운동의 하나이자 명예다.

네 마리 말이 이끄는 경주에서 벤허는 흰 말을, 메살라는 검은 말을 몬다. 메살라는 채찍으로 말들을 후려치며 몰아

붙인다. 하지만 벤허는 채찍을 아예 들지도 않는다. 고삐로만 조절한다. 그리고 네 마리 말들의 이름을 일일이 호칭呼稱하며 말(언어)로 소통하고 격려할 뿐이다.

메살라는 아마도 천벌天罰을 받았는지, 이 경기에서 자기 꾀에 넘어가 거의 죽음에 이르는 사고를 당한다. 바퀴에 칼날을 달고 벤허의 마차를 뒤엎어 그를 죽이려 했지만 오히려 자기 전차를 전복顚覆시키는 참사를 빚는다.

잊기 힘든 장면은 또 하나 있다. 벤허는 노예가 겪는 모든 역경을 견뎌내고 결국 전차 경기의 승자가 된다. 경주를 지켜보던 '황제'가 감동한 것인지, 노예 상인들이 그랬는지 벤허는 노예 신분에서 해방된다.

벤허는 그의 어머니와 여동생을 만나러 나환자촌村 언덕으로 올라간다. 그때 갑자기 시꺼먼 구름이 몰려오고 천둥번개가 하늘을 번쩍 가로지른다. 바로 그 순간이다. 새하얀 빛이 비치면서 땅을 울린다. 나환자였던 여동생과 어머니의 흉측한 몰골(얼굴)이 어느새 원래의 선하고 아름다운 모습으로 되돌아 왔다.

지금까지 유다 벤허 역의 찰턴 헤스턴과 에스더 역의 하야 하라릿(Haya Harareet 1931-2021 이스라엘)이 주연한 영화 '벤허(Ben-Hur)'의 줄거리다.

가을은 사색思索이 많아지는 계절이다. 쓸데없는 생각들

이 간혹 일상을 채우기도 한다. 그래서 가을철, 아쉽게 지나가버린 그 기나긴 시간, 영화에 얽힌 사연 한 자락을 잠시 꺼내 봤다.

이제 저물어가는 이 가을이 불러다준 노래를 살펴볼 차례다. 짧은 가을처럼 살다간 젊은 가객歌客 두 사람의 '가을 노래'다.

차중락(車重樂 1942-1968)의 '낙엽 따라 가버린 사랑'과 배호(裵昊 1942-1971)의 '안개 낀 장충단 공원', 우리들에게 애절하게 다가오는 노래다.

'가을에 가버린 사랑'을 가슴 아프게 추억하는 그들의 낮은 중저음中低音의 목소리는 누구도 흉내 낼 수 없다. 그들만의 독특한 창법이다. 그래서 이들의 노래는 1960년대 젊은이들의 가슴을 파고들었다.

차중락과 배호는 그 무렵 미국 팝(pop, popular song)-컨트리(contury)를 넘나든 냇 킹 콜(Nat King Cole 1919-1965 미국)과 엘비스 프레슬리를 떠올리게 한다. 아니 가사와 곡 모두 냇 킹 콜이 부른 '고엽枯葉'을 번안한 것이다.

미국 로큰롤의 또 다른 레전드(legend)인 엘비스 프레슬리(Elvis Presley 1935-1977)가 부른 'Anything that is Part of You'와도 너무 닮았다. 그래서 그때 더 크게 인기를 끌었는지도 모를 일이다.

중저음中低音의 애절한 목소리, 슬픈 가사歌辭들이 우리 정서情緖에 맞아떨어진 것도 당시 대중의 주목도注目度를 높였을 것이다. 배호의 '안개 낀 장충단공원'이나 '삼각지 로타리'가 다 그렇다.

"가버린 그 사람이 남긴 발자취 낙엽만 쌓여 있는데 외로움을 달래가면서 떠나가는." '안개 낀 장충단공원'의 한 구절이다.

그런데 내게는 이들 대중가요보다 더 오래 가슴에 담겨 있는 동요가 있다. 지금도 아내와 함께 '가을을 더욱 아름답게 채색彩色한' 이들 동요童謠를 가끔 흥얼거리기도 한다.

'가을'과 '이별의 노래'를 여기에 옮겨 본다.

가을이라 가을바람 솔솔 불어오니
푸른 잎은 붉은 치마 갈아입고서
남쪽나라 날아가는 제비 불러 모아
봄이 오면 다시 오라 부탁 하노라

- '가을', 백남석 작사·현제명 작곡

기러기 울어 예는 하늘 구만리九萬里
바람이 싸늘 불어 가을인가요
아 아, 너도 가고 나도 가야지
아 아, 너도 가고 나도 가야지

- '이별의 노래', 박목월 작사·김성태 작곡

동심童心은 때 묻지 않는다. 이 동요들은 얼마나 깨끗하고 순수한가.

"제비들 불러 모아 봄이 오면 다시 오라."

어린아이의 '부탁'이 얼마나 천진난만하고 아름다운가. 너무 귀엽다. 어른들은 절대 흉내조차 낼 수 없다.

하지만 기러기는 이제 찾아오지 않는다. 지금은 멀리 시골 고향도 별반 다르지 않다. 도시화都市化가 급격하게 이루어지면서 자동차의 매연과 공장이 맑고 푸른 하늘을 빼앗아 가버렸다. 먼지와 소음이 하늘을 뒤덮고 있으니 기러기는 이제 오고 싶어도 못 온다.

"나이가 들면 과거를 먹고 산다"는 말이 있다. 하지만 노인에게도 내일은 내일의 해가 뜬다. '이어도島'에도 볕들 날이 있다. 오늘이 고달파도 참고 기다리다 보면 밝은 태양은 언제나 아침 창문을 두드리지 않던가.

그런데 눈을 넓히면 보인다. 백성들의 '하소연, 울부짖음'이 하늘에 닿는 것을. 아직도 변하지 않는 것이다. 1천 년, 400년, 500년 이어진 신라, 고려, 조선 왕조의 백성들도 이에 못지않은 인고의 세월과 정치를 견뎌야 했으니 말이다.

조선조 백성들의 8할 이상이 노비奴婢로 살았다니 더 무슨 말이 필요하겠는가. 노비들이 양반과 권력으로부터 해방된 건 1910년 일제日帝 강점기가 시작될 때부터다. 역사의 아이러니(irony, 逆說)가 아닐 수 없다.

이제는 정부 여당은 물론 우리의 야당野黨들도 백성들의 눈물을 닦아 주고 하소연을 들어줄 때가 충분히 됐다. 특히 야당에게 절실히 바란다. 야당의 존재 이유가 여기에 있지 않은가. 불행히도 현실은 그렇지 못하다.

이 대목에서 갑자기 가슴이 먹먹해진다. 계절 탓일까. 아니다. 우리들 모두가 알고 있듯이 역사가 되풀이되는 게 안타깝다. 하지만 우리 정치는 꿈쩍 않고 있다. 한 발짝도 움직이지 않는다.

'기러기 울어 예는' 동요童謠를 품고 있는 시절이 새삼 그리워진다. 멀지도 않은 고향 발걸음은 왜 이리 더딜까.

계절은 언제나 우리들 바람과는 너무 동떨어져 가고 있다. 저물어가는 이 밤이 몹시도 스산하다. 달빛이 하늘거리는 창문마저 울어댄다.

다시 이 글을 돌아본다. 수필 한 자락이 터무니없이 길어졌다.

'저 하늘에도 슬픔'은 언제쯤 우리 곁을 떠날까. 내게는 이 가을이 늘 그렇게 다가왔다.

2023. 11. 11. '부산 유엔기념공원'에서

세월은 사람을 기다리지 않는다

옛부터 전해 내려오는 속담-경구警句들이 있다. 동서고금東西古今이 다르지 않다. 우리들 삶을 이끄는 이치理致와 지혜智慧는 때와 장소에 따라 차이가 없다는 것이다.

세월은 사람을 기다려주지 않는다(歲月不待人). 자식은 부모에게 효도하고자 하지만 부모는 하세월何歲月, 오래 우리를 기다려 주지 않는다.

나이 구십九十 가까운 나도 어리석기는 마찬가지다. 이런 이치를 깨달았을 때는 어머님·아버님은 이미 내 곁을 떠나셨다.

윗대 어른들 모신 고향 묘소墓所에 가면 하늘 모르게 뻗어 선 소나무(松) 몇 그루가 있다. 그야말로 낙락장송落落長松 들이다. 하지만 강직한 소나무들도 나를 보고 잠시 쉬게 해달라고 호소한다.

설이나 추석에 고향에 가서 제사祭祀 모시고 할아버지·할머니가 잠들어 계시는 산소山所에 가는 일이 있다. 하늘 모르게 뻗어 오른 낙락장송 소나무들도 잠시 쉬고 싶어 한다. 하지만 바람이 가만 놔두지 않는다. 소나무들의 울부짖음이 들려온다. 우리도 좀 쉬고 싶다고.

Time and tide wait for no man-woman
(세월은 사람을 기다려 주지 않는다)
Time flies like an arrow.
(시간은 화살처럼 날아간다).

중국 송宋나라 주희朱熹의 '권학문勸學文'의 구절이다.

少年易老學難成(소년이노학난성)
一寸光陰不可輕(일촌광음불가경)
未覺池塘春草夢(미각지당춘초몽)
階前梧葉已秋聲(계전오엽이추성)
소년은 늙기 쉽고 학문은 성취하기 어렵다.
단 일초의 시간이라도 가벼이 해서는 안된다.
연못 봄 풀은 꿈도 깨지 않았는데
계단 앞 오동 잎은 이미 가을을 알린다

세월은 빠르고 시간은 눈 깜짝할 사이에 우리 앞을 지나간다는 뜻이다. 마치 달리는 말(馬)을 문틈으로 내다보는 것 같다는 비유도 있다. 옛날 선현先賢들의 뛰어난 통찰력이다.

그러니 우리는 숨을 쉴 수 있을 때까지 지금 여기(now and here)에 최선을 다해야 한다.

누구나 어느 날 문득 돌아보면, 손에 쥐이는 게 아무것도 없고, 세월이 허무하다고 느낄 때가 있다. 평소 마음 닦음에 소홀했다는 증거가 아닐까.

고대古代 이스라엘의 지혜의 왕王 솔로몬은 '내가 가질 것 다 갖고 누릴 건 다 누려봤지만, 이제 죽음을 앞두고 보니 가져갈 건 하나도 없고, 오로지 빈손이다. 지난 삶이 허망하고 허망할 뿐이다.'라고 말한 것으로 전해지고 있다. 다만 솔로몬왕이 아니라 페르시아왕으로 기록된 곳도 있다.

이 말은 낡은 사람들에게도 틀리지 않을 것이다. 제자, 후배, 친구들에게 꼭 말해주고 싶다. 비록 남은 세월 얼마 안 되고, 앞으로 살날이 많지 않고, 또 지금 좀 곤궁困窮하고 핍박받는 때도 적잖겠지만 늘 그런 건 아니다. 그래서 아무렇게나 살지는 말지어다. 그냥 하루하루 열심히 살다 보면 좋은 날도 있다.

"내일은 또 다른 내일의 해가 뜬다(Tomorrow is another day)." 는 말도 있지 않는가.

한 시절을 당차게 살아온 젊은 여인 '스칼렛 오하라'의 이 명대사도 우리가 기억해볼 만하다. 미국영화 '바람과 함께 사라지다(Gone with the Wind)'의 젊은 여주인공 스칼렛 오하라(Scarlett O'Hara, 배우: 비비안 리)가 자신을 버리고 떠나는 레트 버틀러(배우: 클라크 게이블)에게 담담하게 말하고 돌아선다. 울거나 눈물을 보이지 않는다.

불과 몇 달 전 이생을 마감한 불교 조계종 직전 총무원장 자승 스님도 우리에게 가르침을 준다. 그는 평생을 명상冥想-수행修行에 바치고 불교 조계종 종단에 이바지한 바 크다. 그런 높은 수행자도 소신공양燒身供養을 선택했다. "내가 이제는 사회나 불교에 별로 기여하는 바 없이 지내고 있으니, 부처님께 소신공양燒身供養을 한다."는 뜻의 '마지막 글'을 남기고 떠나신 게 아닌가 싶다.

인류 역사상 가장 혁신적이라는 '아이폰'을 탄생시켜 세계 최고의 부자에 오른 미국의 스티브 잡스(Steve Jobs,

1955-2011, 미국 샌프란시스코)는 56세에 요절했다. 21세기의 이 거부巨富는 마지막 생명줄이 꺼져가는 병상病床에 앉아 56년의 짧은 일생을 회고한다.

'내가 평생 일만 하고 엄청난 부富는 쌓았지만, 주변에 친구 하나 없고 결혼은 실패다. 가지고 갈 수 있는 건 오직 아름다운 추억뿐이다.'

늦게 불교 신자로 돌아선 그의 저생(피안 彼岸)은 역시 빈손이다.

모두가 공수래空手來 공수거空手去다. 인생은 빈손으로 와서 빈손으로 간다.

BC 3세기 고대 로마(Roma) 귀족 출신의 원로원 의원인 한 장군이 은퇴 후 노예들을 거느리고 여생餘生을 즐겁게 보내고 있었다. 장군은 어느 날 "내가 나라의 녹祿으로 '공짜밥'을 먹고 있으니 이렇게 살아가는 건 도리가 아니다." 라고 말하며 식음食飮을 거절한다. 노예들이 지금 이탈리아 남단南端에 있는 시칠리아섬으로 달려간다. 노예의 전갈을 받은 장군의 친구는 안장鞍裝에 앉자말자 말등을 채찍질하기 시작했다.

러시아의 대문호인 톨스토이도 이런 유명한 말을 남겼다. 한 줄로 말하면, "내일은 사랑하고 싶어도 사랑할 수 없을지 모른다."

중생衆生이나 일반 사람들은 대득(大得: 큰 깨달음)의 '말씀'을 쉽게 받아들이지 못한다. 평소 마음 닦음에 여유가 없다. 누구나 바쁜 삶이 아닌가.

세계적 석학들의 말이나 기록을 잘못 이해하고, 그릇되게 받아들일 수도 있다.

"작은 뱁새가 봉황鳳凰의 큰 뜻을 어찌 제대로 알아차리겠는가."

우리들 중생衆生은 과욕過欲과 오만傲慢이 없도록 늘 마음을 챙기고 비우고 낮은 곳으로, 낮은 곳으로 내려가야 한다. 하지만 이 세상 모든 사람들이 누구나 이렇게 늘 옷깃을 가다듬으며 살기는 버거운 법이다.

한때 이 시대 문인이자 스님인 법정의 말도 우리들에게 큰 가르침을 준다.

불자佛子들은 소원을 빌고자 절에 가서 기도한다. 그런데 법당에는 '나무로 깎은' 부처님이 아래로 내려다 볼 뿐이다. 한발자국만 땅으로 내려서면 '당신의 손'을 기다리는 부처가 세상 도처에 널려 있지 않은가.

우리는 생을 마감할 때까지 자신의 몸과 마음을 되도록 가꾸고 부지런히 다스려야 한다. 그래야 훗날 '되돌아보는 일'이 적게 된다. 현실 삶의 길은 늘 험난하고 가파르기만 하지는 않다.

동이 트고 흐린 날이 개면 비가 새는 오두막집에도 볕들 날이 있지 않던가. 내일은 내일의 해가 뜬다.

내일은 또 다른 '내일의 태양'이 뜬다(Tomorrow is another day). 꿈은 결코 꿈으로만 끝나지 않는다.

2024. 1.

나라의 존망이 걸린 '저출생低出生'은 아직도 대책이 안 보인다

윤석열 대통령 정부가 며칠 전 저출생 대책을 발표했다. 한동훈 국민의힘 비상대책위원장과 이재명 더불어민주당 대표가 회동 자리를 가지고 입법, 예산 등 다양한 지원을 약속했다. 여기에 토를 달 사람은 아무도 없다.

하지만 이 '지원' 합의는 때가 너무 늦었다. 역대 정부는 물론 이 정부도 구체적 저출생 극복 '실천 의지'는 거의 보여주지 못했다. 국회의원과 각급 지방자치단체장과 의원들도 저출생 문제의 심각성에 대한 문제의식問題意識이 부족하기는 마찬가지다.

그동안 극소수의 지식인이나 언론, 정치인들의 '계절성' 문제 제기는 있었다. 하지만 '지각'에 '떴다방' 수준의 정책적 관심에 머물렀다. 왜 그럴까. 권력을 잡는데 당장 표票가 안 되니까.

일본은 며칠 전 기시다 후미오 총리 정부가 저출생 극복 '실천' 방안을 내놓았다. 일부 국가에서도 정책을 세우고 실천에 옮겨왔다. 그러나 이 문제는 역시 세계적 대세大勢는 되지 못했다. 그 심각성은 이미 알고 있었고, 작은 정책 실천에도 나서고 있긴 하다. 영국, 독일, 프랑스, 일본 등 선진국들과 중국 몇 나라가 이에 해당한다.

우리 정부와 정치인들은 저출생 문제 해결에 꾸준한 관심과 엄청난 재정을 쏟아 부었다. 하지만 밑 빠진 독이다. 앞서 지적한 것처럼 권력을 잡는데 표를 끌어모을 만한 절실한 정책도 못되고, 더욱이 대안은 아니다. 사실 국민들도 그런 생각에서 벗어나지 못한 건 별반 다르지 않다.

과연 저출생 문제는 그런 수준 밖에 안 될까. 절대로 아니다. 1945년 남북분단 이래 70년간 계속 북한과 내치하고 있다. 그래서 국가 안보安保와 좀더 '잘 살아보자'는 욕구 및 경제성장 동력 유지에 거의 올인 하다시피 했다. 이제 국민은 안보와 경제가 긴요하지만 그것이 한 국가의 절대 선善이고 '모든 것'이 아니라는 걸 잘 알고 있다. 우리 국민은 민주주의와 자유민주적 경제 질서와 국제규범을 존중하고, 대외개방, 교육, 예술-문화, 여가 등도 즐길 수 있는 '권한'이 필수재임을 공유共有하고 있다.

이건 인류역사 이래 모든 국가와 권력의 영원한 숙제이자 계속 풀어야 할 과제다. 아이를 낳고, 기르고, 교육하고, 인간답게 살아가는 일은 우리 '부모'들의 삶 그 자체였다. 뿐만 아니라 생애 가장 큰 보람이자 세상 어디서도 구할 수 없는 기회고 기쁨이다.

아니 하늘의 뜻이고 우리의 생명수生命水다. 이제는 개인의 삶을 영원히 이어주는 기회, 보람, 기쁨의 차원을 넘어 가족-공동체 삶이다. 나아가 국가사회의 존망存亡을 가로지르는 긴박한 과제로 떠올랐다.

출생률 0.68, 세계 1위의 초超저출산은 단순한 불행이 아니다. 국가공동체가 지구상에서 영원히 사라지느냐 아니냐의 문제다. 우리 국가의 흥망성쇠를 가를 키(key 열쇠)나 다름없다. 더 이상 기다리기엔 너무 중차대하다.

바로 여기가 우리 국민과 정치가 생각을 모을 지점이다. 이보다 더 시급한 문제-정책이 있을까. 단연코 없다. 특히 정치하는 사람들은 이 문제를 건너뛰어선 절대 안 된다.

정치는 언제나 국가의 존망과 국민의 미래를 책임지는 '제일선第一線'이다.

2024. 2.

강원도 화천華川 산천어축제山川魚祝祭가 떠올린 6.25 한국전쟁, 민족사적 비극 다시 돌아보다 (1)

오늘 아침 신문을 펼쳤다. 강원도 화천華川에서 열린 '산천어축제'에 수많은 관광객들이 몰려들었다는 기사가 눈길을 끌었다. 화천에는 나의 20대 인생에서 잊을 수 없는 '따뜻한 우정'이 겹쳐있기 때문이다.

무려 57년 전 얘기다. 1950년 일어난 6.25 한국전쟁은 우리 역사상 가장 비극적이고 처절한 민족상잔民族相殘이다. 동족끼리 서로 죽이고 죽는 전쟁이었다. 세계 전쟁사戰爭史에서도 유례가 드물다. 3천여 년 전 고대古代 로마에서도 권력을 잡기 위해 정적政敵을 숙청할 때 몇 사람 죽이고 죽는 일은 있었다. 하지만 그건 극소수에 지나지 않는다.

조선조 제3대 태조 이방원은 방석, 방번 등 형제들과 처가 민閔씨 가문을 도륙屠戮하다시피 했다. 그는 일찍이 아들 세종世宗이 총명하고 왕으로서 자질과 능력이 뛰어난데다 성품은 온화하고 어딘가 결기가 있음을 알았다. 그래서 세종의 왕권을 강화하고 신권臣權을 낮추어 초기初期의 '이씨 왕조' 기반基盤을 튼튼히 해주기로 했다. 세종은 형제들을 제치고 왕위에 오른다.

방원이 저지른 그 '처참한 살인'은 용서하기 어려웠다. 하지만 훗날 그 배경을 알고는 '태종'으로 봉했다.

1590년대 일본의 침략으로 벌어진 임진왜란이나 병자호란 등 수많은 전쟁은 우리가 치러낸 외침外侵이었다. 즉 거란, 몽골, 일본 등 다른 나라의 침략으로 일어난 전쟁이다.

6.25 한국전쟁은 이런 전쟁과는 전혀 다르다. 초기엔 북한 침략으로 시작된 우리의 내전內戰으로 비쳤다. 하지만 뒤에 전쟁의 성격, 규모, 피해被害 수준이 엄청난데다 국민들의 참상은 이루 말할 수 없었다. 2차 세계대전을 능가했다.

한국전쟁은 1950년 6월 25일 새벽 5시경 북한 김일성 공산군共産軍의 남침으로 시작됐다. 국군은 당연히 이에 맞섰다. 그러나 무기와 인적 자원에서 북한군을 감당할 수 없었다. 개전 3일 만에 수도 서울이 함락되고 남쪽으로 향하는 수십만 피란민 행렬이 끝없이 이어졌다. 피란민의 '눈물바다'가 뒤따랐다.

당시 이승만 대통령이 미국 태평양지구 사령관 더글러스 맥아더(Douglas MacArthur, 1880-1964, 미국 아칸소) 장군의 도움을 받아 급거 미국으로 날아갔다. 미국 대통령 트루먼(Harry S. Truman, 1884-1972, 미국 미주리)을 만나 긴급 도움을 요청했다. 트루먼은 국제연합(UN) 상임이사국들을 설득, '유엔'군의 한국 파견 결의를 이끌어냈다. 이어 미국 등 16개 국가들이 신속히 군軍을 파견하면서 한국전쟁은 큰 고비를 넘기는 듯했다.

그러나 뜻밖의 중공군中共軍 참전과 소련의 배후 지원으로 한국전쟁은 대규모 국제전 양상을 띠기 시작했다. 우리 역사상 처음 경험한 '국제전'이다.

우선 인명人命 피해와 재산상 손실이 우리 전쟁사에서 가장 큰 것으로 기록돼 있다. 남북 간 사망-실종자가 무려 300여만 명에 이른다.

나를 포함해 현재 70-80대 이상은 이 전쟁을 눈으로 직접 보고, 온 몸으로 겪어냈다. 그 상처傷處가 지금도 몸과 마음에 대못처럼 박혀있다. 그런 유일唯一한 세대지만 현재까지도 제대로 보상받지 못하고 있다. 세계 경제 10위권 국가로서는 상상하기 어렵다. 세월호 사고나 광주 5.18 보상 규모에 비교해 보라. 얼마나 황당한 건지 금세 알아차릴 수 있다.

한국전쟁 당시 북한에서 남으로 내려온 이산가족離散家族, 즉 전쟁 피란민避亂民이 200여만 명에 이른다. 전쟁기간(1950-1953) 북에서 남으로 '스스로' 내려온 이산자 역시 과거의 우리 전쟁사에서 찾아볼 수 없는 규모다.

이 사실은 우리에게 어떤 함의含意를 가지는 것일까. 한마디로 자유민주주의가 공산주의 체제體制를 압도한다는 뜻이다. 그 후 소련의 스탈린 체제가 무너지고 동유럽 국가들이 사실상 '자본주의' 체제로 탈바꿈한 데서 이 의미는 더욱 분명해진다.

나는 대학 1년, 고등학교 4년 '늦깎이'다. 1965년 대학을 어렵게 마치고도 2년을 허송세월虛送歲月하고 있었다. 누구처럼 고시高試 공부를 위해 절에 들어가거나 밤늦게 도서관에 앉아 공부하는 건 사치였다. 숙식, 등록금 등을 내 스스로 마련해야 했기 때문이다. 아마 그때 우리 세대 모두가 그렇게 살았을 것이다.

아무튼 그 무렵 전방 사단에서 복무하던 친구가 나를 불려줬다. 사람은 살아가면서 자신의 인생에서 반전反轉에 가까운 '경험'을 할 때가 몇 번은 있다고 나는 믿는다. 최전방 사단의 친구가 불러준 그때의 일이 바로 그렇다.

그런데 오늘은 이런 사사로운 개인사個人事보다 앞서 얘기한 6.25 한국전쟁으로 돌아가 보고자 한다.

6.25 한국전쟁은 김일성의 허망한 통일 야욕에서 빚어진 민족적 비극이다. 소련 스탈린 수상과 중공 모택동 공산당 주석 등의 인적-물적 지원이 전쟁 배경이다. 한마디로 세계적 전쟁을 김일성 한 사람이 주도한 것이다. 얼마나 어처구니가 없는가.

지금의 우리 젊은 세대는 진상을 잘 모를 뿐 아니라 굳이 비극적 전쟁의 전말顚末을 알려고도 하지 않는다. 역사를 배우지 않는 세대에게 미래가 있을까 묻고 싶나. 이들 세대에게 꼭 전해주고 싶은 진실이기도 하지만, 우리 현대사現代史에서 너무도 중요한 부분이다.

1950년대 GDP 70달러에서 오늘날 3만 4천 달러를 이룬 건 정말 70년 만의 '기적'이 아닐 수 없다. 아니 기적이다.

나는 오늘 이 풍요의 그림자와 우리 현대사 70년간의 질곡桎梏, 즉 어두운 그늘에 더 무게를 두고 이 글을 쓴다. 다만 내 필력筆力이 미치지 못해 안타깝다.

앞서도 말했지만, 1965년 어렵게 대학을 졸업하고도 하는 일 없이 3년 가까운 세월을 허송虛送하던 어느 날, 정신이 번쩍 들었다. 책 몇 권과 옷가지를 가방에 챙겨 괴나리봇짐처럼 메고 무작정 부산을 떠났다. 서울역에 내려 청량리로, 거기서 다시 춘천행 완행緩行 열차에 올랐다. 지나가는 사람들에게 물어물어 춘천 버스정류장을 찾았고, 화천군 사창리史倉里 가는 버스를 탔다.

그때부터는 군인 몇 사람이 내 옆에 있어 마음이 놓였다. 내가 찾아가는 곳이 군軍 부대였으니까. 이젠 안심해도 되겠구나 싶었다.

포천읍砲川邑을 지나 꼬불꼬불한 산길을 몇 굽이 돌아 또 한참을 달린 끝에 드디어 어느 부대 앞에 내렸다. 친구가 지프차를 몰고 와서 밤늦게 그의 숙소宿所인 나지막한 민가民家에 들어갔다. 거긴 민가가 오직 한 채 뿐이고, 이 민가 한 채가 한 마을을 이루고 있는 셈이다.

하늘엔 별이 총총하고 사방은 고요한 정적이 휩싸고 있었다. 시장기가 느껴지고, 초여름인데도 한기寒氣가 들었지만 어쩔 도리가 없었다. 친구와 등을 대고 눕자마자 바로 잠에 곯아떨어졌다. 아침 늦게 눈을 뜨니 옆에 함께 자던 친구는 이미 부대에 출근했다. 머리맡에 조그만 밥상이 차려져 있었다. 방문을 열자마자 이 민가의 주인아저씨가 얼굴을 내밀었다.

"친구 헌병 대장님이 부탁해서 밥상을 들여놓았소. 소찬素饌이지만 식사를 잘 하라"고 말하고는 바로 문을 닫았다. 이 민가에는 50대 부부가 살고 있었다.

나는 이날부터 낯설고 물선 강원도 화천華川의 어느 깊은 산골 군부대 앞 친구 집에 '접살이'를 시작했다. 그즈음이 초여름으로 기억된다. 그로부터 5개월쯤 지난 어느 날, 친구가 가져다 준 동아일보를 뒤적이다가 '수습기자 모집' 기사에 눈이 멎었다.

6.25 한국전쟁의 비극, 대성산 꼭대기에서 만난 포병대砲兵隊 한 병사의 눈물(2)

이때부터 내 인생의 반전反轉이 또 한 번 시작된다. 나는 그때 다른 생각을 할 처지도 못되고, 그럴 여유도 없었다. 다시 서울을 떠올렸다. 친구 하숙집을 나섰다. 그의 도움을 받아 자그만 산골 버스정류장 사창리를 찾을 수 있었다. 포천, 춘천, 가평을 지나 청량리역에 내렸다. 다시 서울역으로 향했다. 그때 동아일보 수습기자 시험장은 중앙고등학교中央高等學校로 기억된다.

나는 1968년 신문사 수습기자로 첫 서울 생활을 시작했다. 선배 기자인 최성두 형의 소개로 북아현동 산꼭대기 하숙집에 짐을 풀었다. 하숙생 7~8명 중 한 사람과 한방을 쓰게 됐다.

이듬해 지금의 아내를 만났다. 그 후 밝고 건강한 두 아들을 얻었으니 역시 인생 최대의 축복이다.

그러나 어렵게 시작한 서울에서의 기자 생활은 오래가지 못했다. 언론사상 유례가 없는 '백지광고' 사태가 시발점이다. 동아일보 기자·아나운서·PD들에게 해직의 태풍이 휘몰아쳤다. '동아일보 10.24자유언론실천선언'이 내외신을 타고 전세계에 알려지기 시작했다. 해직의 태풍이 광화문 광장을 휩쓸었다. 기자·아나운서·PD 133명이 회사에서 '강제 퇴직' 당했다.

다시 얘기는 6.25 한국전쟁 때로 되돌아간다. 당시 초급 장교였던 친구가 어느 날 '어렵게 여기까지 왔으니 휴전선 너머 북한 땅을 보여 주겠다'는 것이다. 친구가 몰고 온 지프차를 타고 1천100m 고지 대성산大成山 꼭대기로 올라갔나.

거기엔 자그만 포대砲隊가 있고 2문의 대형포가 휴전선 너머 북녘을 향하고 있었다. 7-8명 젊은 포병들이 포신砲身 앞에 사열하듯 도열해 있었다. 내가 앳된 병사 앞에 서자 그는 눈물을 글썽했다. 나도 모르는 사이에 나는 그 병사를 꼭 껴안고 등을 토닥였다.

대성산 옆엔 같은 높이의 적근산赤根山이 있다. 다시 그 산 건너는 휴전선이 가로놓여있고, 휴전선 멀리로는 북한이다. 생후 처음 북한 땅을 보는 것이다. 친구가 들려주는 6.25 격전 현장도 바로 그곳이다.

철원, 김화, 평강을 잇는 철鐵의 삼각지대가 한국전쟁 최고 격전장이다. 양측의 포격으로 200m 고지가 흰말의 머리처럼 하얗게 변해서 백마고지白馬高地라고 당시 벤플리트 유엔군사령관이 명명命名했다는 설이다. 중공군과의 전투가 그만큼 치열했다. 그 옆 화살머리고지도 그런 유래를 갖고 있다.

한국과 미국을 비롯한 16개 국가의 인명피해가 2차세계대전 못지않았다는 것이다. 우리 국민으로선 나라를 구했으니 참으로 감사한 일이 아닐 수 없다.

이런 역사에서 우리가 느끼고 배우는 것이 없다면 진정한 평화와 번영을 누릴 자격이 없다. 안보 대비가 돼 있지 않으면 전쟁은 피할 수 없다.

2024. 1. 16.

나 홀로 웃는 마음 누가 알아주랴

– 다산 정약용의 시에서

300여 년 전 이 땅에 사셨던 세계적 석학碩學 다산 정약용茶山 丁若鏞 선생의 장편 시詩의 구절이다.

정말 안타깝고 부끄럽고 허망한 시 한 줄이지만 지금의 여야與野당이 하는 '정치'를 보고 있으면 우리를 다시 지난날 역사歷史로 소환하는 듯하다.

조선조 개혁 왕으로 불렸던 정조正祖대왕을 만난 다산 정약용의 원대한 꿈은 정조대왕의 너무 이른 승하(昇遐는 죽음을 높인 말)와 다산 선생의 18년 강진심(지금의 강진군) 유배流配로 허망하게 끝나버렸다. 하지만 훗날 개혁의 자그만 씨를 심은 것은 그나마 위안이 아닐 수 없다.

대한제국大韓帝國 말 국정 전반에 대한 개화파의 '개혁'

시도試圖 또한 물잔 위의 잔잔한 파동으로 끝났다. 그래도 '개화파 내각'에 의한 몇 가지 개혁은 이루어진 셈이다. 하지만 이것 역시 고종황제의 무능과 민비閔妃, 대원군大院君간 알력 등으로 물잔 속의 잔잔한 파도에 지나지 않았다. 결국은 나라를 통째로 일본에 갖다 바치는(?) 국가 치욕의 역사를 만드는데 기여한 셈이다. 일본은 선진화를 이루어 한반도를 집어삼키는 강점야욕 기회를 호시탐탐虎視眈眈 노리고 있었다. 대한제국은 이를 제대로 알아차리지도 못했고, 일본을 막을 현실적 힘도 없었다.

끝내 일본의 강점强占아래 35년간은 국민의 개인 자유와 주권主權 행사를 못하는 일본 식민지가 되어버렸다. 무려 35년간이다. 민족의 치욕이요, 비극 중의 비극이다.

앞서 조선조 500년에 비하면 오히려 조금은 나았다는 논자도 없지는 않다. 조선조 500년간은 사실상 중국의 속국屬國으로 중국 황제 앞에선 왕도 고개를 들 수 없었고 온갖 공물貢物을 요구하는 대로 갖다 바쳐야 했으니 그런 말이 틀리지는 않겠다고 하겠다.

지금의 여야 정치가 조선조 500년을 되돌아보면 분명 느끼는 바가 없지는 않은 터인데, 왜 우리는 3만 5천 달러의 문턱에서 '선진국'으로 곧장 진입하지 못하고 있는가, 묻지 않을 수 없다.

현재의 우리나라 성장 잠재력과 국민의 의식 수준에서 보면 얼마든지 가능한 일이다. 이를 이끌어낼 수 있는 '정치'가 어딘가 고장故障이 나 있다. 이 장벽은 무너뜨릴 수 있다. 우리 국민의 현명한 선택과 올바른 정치가 접점을 찾아야 한다. 쉽지는 않지만 기회는 지금도 우리가 가지고 있다.

전공의 파업, 도대체 어떻게 하고 어디로 갈 것인가요?

"우리 중환자들을 죽음으로 내몰지 마세요." "저희가 아픈 걸 선택 했나요. 그저 살다 보니 병을 얻은 건데 치료 기회조차 없습니다." "치료 골든타임을 놓친 저희 중환자들은 죽음으로 내몰리고 있습니다. 중환자들이 하루하루 죽음의 공포에서 연명해 가던 희망의 끈을 놓아야 할, 절망의 구렁텅이에 빠져 있습니다."

오늘 아침 조간신문 기사에 실린 환자들의 절박한 호소다. 호소라기보다는 여름 장맛비 같은 피눈물에 가깝다고 하겠다. 가슴 먹먹하게 하는 호소는 또 있다.

"서울대 의대 교수님들은 환자의 생명과 불법不法 집단 행동을 한 전공의 처벌 불가不可 요구 중 어느 것을 우선하시느냐"

정말 호소가 아니라 하늘을 울리는 피눈물이다.

기사를 본 국민들도 울지 않을 수 없다. 울지 않을 국민이 있다면 아마도 파업에 동참한 의대 교수들과 전공의 등 의사 집단일 것이다. 세상에 이런 매정하고 파렴치하고 가슴 두꺼운 사람들과 같은 하늘 아래서 살아온 지도 3개월째다.

우리는 전 세계가 알아주는 의료 강국이다. 아니 의료 선진국이다. 이제는 국민과 정부가 나설 때다. 머뭇거릴 일이 아니다. 그러기엔 전국 중환자들의 호소가 너무 절박하게 가슴을 울린다.

이제 한 단계 넘어 우리의 선진 이미지를 복구해야 한다. 그래야 병원 앞에서 절절하게 호소한 분들의 마음과 몸을 달래주는 길을 찾을 수 있을 것이다. 국가 이미지와 공공재 손상-손괴 회복은 그 다음이다.

거듭 호소하건대, 오직 믿음과 사랑의 따뜻한 손길과 연대만이 전국 중환자분들의 눈물을 닦아줄 수 있을 것이다.

2024. 6. 13.

항심恒心과 신심信心, 사람을 보는 잣대(1)

학보사, 20대 총학생회總學生會, 사회학과, 신문방송학과 학생들과의 길고도 험난한 '캠퍼스' 학연學緣은 사회를 헤쳐 가는 자산이었다.

> 흐르듯 담겨있는 기나긴 강물
> 잊지말자 예서 자란 사나이들아
> 이 강물 네 혈관에 피가 된 줄은
>
> \- 노산鷺山 이은상

원로시조시인 고故 노산 이은상(경남 마산)의 '오 낙동강' 노래의 일절이다. 노산 선생은 60-70년대 학생운동 지도부 학생들과의 교류가 잦은 편이었다. 한때 친일파로 몰려 마음고생이 작지 않았다.

언젠가 경기도 남이섬 양수리에서 전국학생운동 지도부 단합대회가 열렸다. 고려대 구자신 총학생회장과 유준상

총무부장, 연세대 안성혁 회장, 서울대 김대모 회장을 비롯, 동국대 건국대 동아대 등 전국대학 총학생회장과 간부들 40여 명이 모였다. 동아대에선 김창수 회장 대신 내가 참석했다. 여기서 자연스럽게 가칭 '한국학생운동지도자협의회'가 발족했다. 대표는 연세대 안성혁 총학생회장이 맡기로 합의했다.

단합대회가 끝나고 술자리가 파할 무렵 '오 낙동강' 노래가 흘러나왔다.

까마득한 지난날을 돌아보다 갑자기 현실문제가 문득 눈에 띄었다. 말도 많고 탈도 많았던 문재인 정부의 최저임금이다. 오늘 아침 신문 1면 톱기사다. 2023년 최저임금 9천860원, 올해 드디어 1만 원 대를 넘어 1만130원으로 진입했다는 기사다.

이번 최저임금은 지금 우리들 세대의 아들·딸과 손자·손녀 등에게 적용된다. 관심이 가지 않을 수 없는 초미의 현안이기도 하다.

아무튼 최저임금最低賃金이 1만 원 대를 넘어선 건 처음이다. 요양사, 청소 아주머니 등 취약계층을 비롯 수많은 근로자들 입장에선 불만일 수 있겠다. 하지만 중소-중견 기업들에겐 사활死活을 넘나드는 심각한 문제다. 비非전문가인 내가 함부로 끄집어내어 논의하기엔 여간 큰 부담이 아니다. 정말 조심스럽다.

나는 여기서 이 문제에 대한 수많은 분들의 의견이 제시되는 '기회의 장場'이라도 열어 놓고자 한다. 대기업은 물론, 중소·중견기업에도 큰 부담을 줄 수 있고, 근로자에게는 더욱 그렇다.

이해당사자利害當事者의 의견 개진은 최저임금결정에 빠뜨릴 수 없는 중요 절차다. 정책운용 주체라고 할 수 있는 정부의 현명한 정책 운용도 필수다. 경제활동이 위축되는 건 모두를 위해 바람직하지 않기 때문이다.

뿐만 아니다. 때로는 국민을 경제적 어려움으로 이끌 수도 있고, 경제성장을 스톱시킬 수도 있다. 그래서 기업-근로자와 정부의 신중한 대처도 동일 선상에서 함께 주문한다.

정부와 기업, 어느 쪽이 우선이냐 아니냐는 중요한 시각이 아니다. 두 집단의 조화가 성장을 이끌어내기 때문이다. 국민의 먹거리를 공급하고 경제 성장과 발전을 위해서는 정부 정책운용과 근로자의 참여라는 쌍두마차가 작동해야 하기 때문이다.

고대 로마에는 원형 전차경기장圓形 戰車競技場이 있었다.

독자 중엔 '유다 벤허'가 주인공으로 등장하는 영화 '벤허(Ben-Hur)'를 봤을 터다. 경제성장을 위해서는 우선 투자가 급선무다. 투자는 희고 윤기 나는 백색 4두 마차의 속도를 뛰어넘는 수준이면 더욱 바람직하다. 또 국민과 기업이란 주체가 함께 뛰어들어야 한다.

그러나 3주체가 함께 참여한 '한강의 기적'은 60-70년대 딱 한 번 밖에 없었다. 그 아우라(Aura)가 지금까지 기적의 꼬리를 잡고 있는 건 한국의 힘이고 저력이다. 문제는 기적의 꼬리를 언제까지 잡고 끌고 가느냐다. 한마디로 얘기하기엔 어렵다. 경제 성장을 정책의 우선에서 배제하고 있는 직전 정부-당의 주체들이 여전히 집권정당으로 군림하고 있다. 가장 큰 변수變數다. 여기다 경제 정세와 국민 먹거리 확보는 더 큰 변수로 작동할 수도 있다.

여기에 북한 김정은金正恩의 핵위협이 지금처럼 겹치면 경제는 더욱 휘청일 수밖에 없다. 북의 핵도발은 앞으로의 전망도 불투명하게 하는 요소다.

그래도 역사에서 보면 길이 있다. 그 길을 뚫어내야 한다. 먼저 정부-여당이 고통을 끌어안고 뚜벅뚜벅 직진해야 한다. 국민들 스스로가 따라나설 정도가 돼야 한다. 두 정당이 머리를 맞대는 것도 우선이다. 정당·기업·국민 세 주체가 가슴을 열면 경제는 때로 날개를 달 수 있다.

중요한 건 속도뿐만 아니다. 국민 모두의 참여의식이다. 백마의 갈기가 더욱 윤기가 나고 햇빛에 빛나는 순간이 한국 경제엔 여전히 기회로 남아 있다. 얼마나 다행인가.

영화 '벤허'에 등장하는 장면 하나가 떠오른다. 당시 로마의 황제로 군림한 네오가 승자 벤허의 머리에 월계관을 씌울 때 관객들 눈이 벤허 머리에 일제히 멈춘다. 벤허가 말馬과 일체一體가 되어 경기장 8바퀴를 돌 때까지 그는 죽을 힘을 다한다. 이때도 관객들의 환호성이 하늘을 울렸다.

간혹은 속도를 늦춰야 할 때도 있다. '속도를 줄이면 사람이 보인다.' 달리다 잠깐 멈춰야 벤허의 일거수일투족一擧手一投足을 볼 수 있다. 벤허 머리에 승리의 월계관이 씌워질 때 잠깐 정적이 감돈다. 이 순간이 바로 경제의 안정적 성장을 담보하는 획기적 기점이다. 지금까지의 한국 현대사가 이걸 잘 말해준다. 이 모든 과정을 우리는 순차적으로 잘 겪어냈다. 얼마나 다행인가.

노블레스 오블리주(Noblesse Oblige), 한국전쟁-노르망디 작전이 보여준 한국-미국의 또 다른 얼굴

미군은 1950년 7월 1일 한국에 첫발을 디딘 이후 3년 1개월간 전쟁을 치르면서, 전사자 5만 4천246명을 비롯 실종자 8천177명, 포로 7천140명, 부상자 10만 3천284명 등 17만 2천800여 명이 희생당했다.

국군 희생자 64만 5천 명의 27%나 된다. 이처럼 많은 미군이 한국 땅에서 희생된 것이다.

특히 우리를 감동시킨 것은 미국 장군의 아들들이다. 142명이나 참전하여 35명이 전사했다는 것이다.

그 중에는 대통령의 아들도 있었고, 장관의 가족도, 미 8군사령관의 아들도 포함되어 있었다. 대표적으로 아이젠하워 대통령의 아들, 존 아이젠하워 중위가 1952년 미 3사단의 중대장으로 참전하였다. 대통령의 아들이 남의 나라에서 참전하여 전사했다는 사실은 많은 것을 생각하게 한다. 또 미 8군사령관 월튼 워커 중장의 아들 샘 워커 중위는 미 제24사단 중대장으로 참전하여 부자가 모두 6.25 한국전쟁에 헌신한 참전 가족으로 기록됐다.

워커 장군이 1950년 12월 23일 의정부에서 차량 사고로 순직 시, 아버지 시신을 운구한 자가 아들이었으며, 아버지를 잃은 뒤에도 아들은 1977년 미국 육군 대장이 되어 자유의 불사신이 되었다.

노르망디상륙작전에 참전했었던 아이젠하워 대통령, 인천상륙작전을 지휘한 맥아더 장군 외에 제임스 밴 플리트 장군도 한국전에 참전하여 사단장, 군단장, 8군사령관까지 오른 인물이다. 그의 아들 지미 밴 플리트 2세도 한국전에 지원하여 B-52폭격기 조종사가 되었다.

그러나 지미 대위는 1952년 4월 4일 새벽 전폭기를 몰고 평남 순천 지역에서 야간 출격 공중전투 중 적의 대공포에 전사했다. 지미 대위가 처음 참전을 결심했을 때 어머니에게 보낸 편지는 우리의 심금을 울렸다.

"어머니!

아버지는 자유를 지키기 위해 한국전선에서 싸우고 계십니다. 이제 저도 힘을 보탤 시간이 온 것 같습니다.

어머니! 저를 위해 기도하지 마시고, 함께 싸우는 전우들을 위해 기도해 주십시오. 그들 중에는 무사히 돌아오기를 기다리는 아내를 둔 사람도 있을 것이고, 아직 가정을 이루지 못한 사람도 있습니다."라고 보냈다. 안타깝게도 그 편지가 마지막이 되었다.

그뿐 아니다. 미 해병 1항공단장 필드 해리스 장군의 아들 윌리엄 해리스 소령은 중공군 2차 공세 때 장진호 전투에서 전사했다.

미 중앙정보국 알렌 데라스 국장의 아들 데라스 2세도 해병 중위로 참전해 머리에 총상을 입고, 평생 상이용사로 고생하며 살고 있다. 또 미 극동군사령관 겸 유엔군사령관 클라크 육군 대상의 아늘도 6.25 한국전쟁에 참전했다가 부상당했다.

한편, 미 의회는 한국전에 참전했다가 전사했거나 중상을 입은 장병들에게 명예 훈장을 수여했는데 한국전 중 받은 사람은 136명이다.

이는 제2차 세계대전 때의 464명보다는 작지만 제1차 세계대전 124명보다는 많은 것으로 한국전쟁이 얼마나 치열한 전쟁이었나를 말해주고 있다.

훈장을 마지막 받은 사람은 이미 고인이 된 에밀 카폰 대위로 전사한 지 62년이 되는 해에 추서되었다.(2013. 4) 카폰 대위는 1950년 11월 미 제1기병사단 8기병연대 3대대 소속의 군종 신부로서 평안북도 운산에서 중공군의 포로가 되었다. 그는 탈출할 수 있는 기회가 있었음에도 그냥 남아 병들고 부상당한 포로들을 일일이 위로하며 희망을 준 사람이다. 그는 자신도 세균에 감염되어 많은 고생을 했고, 나중에는 폐렴으로 포로수용소에서 사망할 때까지 병사들을 돌보며, 신부로서의 사명을 끝까지 완수한 공로로 '명예훈장'이 추서되었다.

뿐만 아니다. 1950년 한국전쟁이 일어났을 때 미국 웨스트포인트 사관학교를 졸업하고 임관한 신임 소위 365명 중 한국전에 참전했다가 희생당한 장교가 110명(그 중에 41명 전사)이나 되었다.

그들은 세계를 가슴에 품고 대망을 펼치기 위해 사관학교에 입교했는데 임관하자마자 한국전선에서 희생됐다. 피어 보지도 못한 그들의 통한이 얼마나 컸을까.

그들은 세계의 자유와 민주주의를 지키기 위해 이름도 모르는 나라에 왔다. 오늘 우리가 누리고 있는 풍요를 돌아보며 그들에게 따뜻한 손길을 내밀어야 한다. 물론 다른 시각도 있다. 그들의 국익은 아예 대차대조표에 없었을까.

(이 글은 사회연결망에 올라온 자료를 많이 옮겨 왔음을 밝혀둔다. 다음 세대들에게 우리 현대사를 이해하는데 도움이 되었으면 하는 바람을 덧붙인다. 또 하나는 우리 사회 지도자들에게 '노블레스 오블리주(Noblesse Oblige)', 즉 '사회지도층의 희생'을 다시 한번 생각하는 기회가 되었으면 하는 기대다.)

2024. 6. 25.

자연의 하소연이 들리는가

폭염暴炎 염천炎天이 어떤 더위인지 하늘이 인류에게 가르치려고 직접 나섰다. 왜 북극·남극의 수백, 수억 년 무탈하던 빙설이 이제사 녹아내리는지, 그 이유를 알고 있는가. 앞으로 덥다고 투덜대지 말라.

영화 '타이탄호의 비극'을 아직 잊지 않고 있는 세대가 바로 70-80대 우리들이다. 거대한 타이탄호가 대서양을 횡단, 미국 뉴욕으로 항해하던 중, 그 앞에 집채만 한 빙하가 나타났다. 미처 피하지 못한 타이탄은 빙하 덩어리를 들이받았다. 크지도 않는 빙하가 타이탄을 한방에 무너뜨렸다. 자연 앞에 인간은 속수무책束手無策이었다.

자연을 이기는 장사는 없다는 말이 있다. 날씨를 관장하는 그리스의 신神도, 천하의 장사 헤라클레스도, 유비의 아들을 가슴에 품고 적장을 물리친 조자룡도, 신라 천년의 기틀을 닦은 김유신도, 중국 수나라 대군을 청천강에 수장시킨 고구려의 을지문덕도, 거란의 침략을 막아낸 고려의 강감찬, 강화도에서 회군해 조선을 건국한 이성계까지 이 모두를 소환한다고 해도 자연을 당하지 못한다.

하늘이 내려다보면서 우리들에게 경고하고 있다. 앞으로 더 큰 더위도 있다고. 우리는 34~40℃ 쯤이 우리가 버틸 수 있는 임계점臨界點으로 알고 있다. 하지만 이제는 아니다. 40℃ 혹은 50℃도 이젠 한계가 아니다.

그동안 인간이 호의호식好衣好食하기 위해 지구를 이용하고 내팽개친 대가를 지금 톡톡히 치르고 있다.

그런데 문제는 지금부터다. 우선 앞서 40-50도를 견뎌내야 한다.

앞으로 지구를 통째로 식힐 수 있는 에어컨을 발명해야 한다. 이게 가능할까? 불가능이다. 결국 잘 사는 나라에선 개별 에어컨 설치를 할 수 있다. 하지만 아프리카, 중남미 등 '후진국'은 어떻게 하나. 다행히 길이 보인다. 더위를 견디는 면력역을 기르는 것이다. 후진국이 훨씬 유리한 입지다. 자연-우주는 공평하다. '못사는 사람'을 절대로 버리지 않는다.

2024. 7.

항심恒心과 신심信心, 사람을 보는 잣대 (2)

동아대학보사 주간主幹을 그만 뒀을 때, 비서실장을 사직辭職했을 때, 30여 년의 강의를 끝냈을 때, 나는 모든 학생들 얼굴을 찬찬히 들여다 볼 수 있었다. 제자 한 사람 한 사람이 내 가슴에 들어 왔다. 얼마나 사랑스럽고 자랑스런 제자들인가. 그들의 창창한 미래가 약속돼 있어 나는 그들을 힘껏 응원했다. 나는 언제나 제자들을 믿었고 제자들은 나를 믿었을 것이다. 제자들과 나 사이에 '항심과 신심'이 이미 기교架橋가 되어 있었다. 벌써 50여 년이다.

역사는 거짓말하지 않는다. 좀 황당하지만 나는 여기서 우리 경제와 『무진기행霧津紀行』을 얽어 항심과 신심을 논論해 본다.

1964년 사상계에 작가 김승옥金承鈺이 단편소설 『무진기행霧津紀行』을 발표했다. 작가 김승옥은 1960년대에 경제개발이 본격 출발할 때 한국 사회의 그늘을 짚기 시작한 작가 중 한사람이다. 우리 경제가 '안개 낀 장충단공원' 같이 앞을 내다볼 수 없는 '무진'으로 빠질까 노심초사했다. 그러나 짙은 안개가 낀 '무진霧津'에서 연기까지 피어오르는 짙은 '무진霧塵'으로 빠지면 경제는 불황을 헤맨다. 어떤 경우에도 이건 피해야 한다. 그 대가代價가 너무 크기 때문이다.

우리 정치·경제·사회에 안개와 연기의 그늘이 짙으면 경제침체가 더욱 짙어질 수밖에 없다. 아무튼 우리는 1960년대 이전의 처절한 굶주림은 한번으로 족足하다. 특히 지금 우리 젊은 세대는 굶주림을 견딜 인내심이 부족하다는 지적도 있지 않는가.

고故 박정희朴正熙 대통령을 역사가 다시 청請하는 '결례'만은 없어야 한다. 이 고비를 넘기면 거기서 우리 미래가 열린다. 다시 허리끈을 졸라매어야 한다.

항심과 신심은 현재의 경제 그늘을 돌파하기 위해서도 여기, 이 시기에 소환할 필요가 있다. 항심恒心은 예컨대 베트남 축구감독 박항서와 같이 마음이 한결 같은 것이다. 신심信心은 에베레스트의 선승인 미라레빠처럼 어떤 유혹에도 꿈쩍 않는 것이다. 1300년대 에베레스트산 동굴에서 수행한 미라레빠 스님은 에베레스트산에서 몸을 닦은 고덕선승高德禪僧 중의 한분이다. 이른바 '다끼니(天女)'들이 동굴 주변에서 춤을 추며 선승을 유혹한다. 에베레스트 5천m 고지대高地帶의 설산雪山 동굴에서 수행하는 스님들로선 추워서 고통이요, 한편으론 천녀들이 유혹해서 고통이다. 그러나 고승선승들은 끝내 이를 이겨낸다.

그런데 여말麗末 선초鮮初를 살다간 황진이는 50년 면벽 수행한 고승을 하룻밤에 파계시켰다. 전설이긴 하지만…. '해군성解裙聲'이란 '여인의 치마 벗는 소리' 하나만으로 스님을 완전 무장해제시킨 것이다.

'해군성'은 조선조 대문장가이자 정치가인 오성 이항복李恒福, 유성룡 대감 등 당대의 거목대유巨木大儒들의 모임에서 유래한 우스갯소리다. "세상에서 어떤 소리가 가장 매혹적인가" 이게 말하자면 그날 그들 말잔치의 주제인 셈이다. 이항복이 선택한 해군성이 '최우수작'으로 뽑힌 것이다.

문장가이기도 했던 조선조의 대감들을 정점으로 한 10-20%의 양반계층이 국정을 전유했다. 이런 비인권적 사회구조는 1910년 일본 식민지로 떨어지기까지 500여 년 지속됐다.

선비정신은 일단 평가할 수 있겠다. 한편으론 성리학에

매몰돼 탁상공론이 난무하고 '실용'이 땅에 떨어졌다. 당쟁이 격화된다. 결국 나라를 잃었다. 남부여대男負女帶의 행렬이 국경을 넘고 바다를 건넜다.

2024. 7. 30.

한국전쟁과 미국 군인

– 6.25 한국전쟁 벌써 74주년이다

제임스 밴 플리트(James Alward Van Fleet, 1892-1992, 미국 뉴저지)장군과 그의 아들 지미(Jimi) 밴 플리트 2세 대위는 공군 조종사로 한국전쟁에 참전했다. 아들 밴 플리트는 최전방 우리 하늘을 지키다 북한 압록강변에서 인민군-중공군과 싸우다 장렬히 전사했다.

4성, 5성 장군 심지어 원수元帥에 이르는 쟁쟁한 장성과 병사들은 이름 그대로 전쟁에 길이길이 빛날 사람들이다.

다부동 낙동강 최후의 방어선 전투를 이끌던 백선엽 장군을 두고는 파묘破墓를 하느니 마느니 종북좌파들의 공격이 끊이지 않았다.

미국은 영웅을 만들고 영웅은 미국을 만든다. 전사한 장성과 병사들은 하느님 은총이 가득하여라. 우리들에게는 고마운 은인들이다.

한국전쟁은 그 참상慘狀이 거의 표현할 길 없다.

고대古代 로마의 북쪽 정벌 전쟁에서도 전쟁의 참상은 다름없었다.

전쟁은 그만한 희생 없이는 막을 수 없다. 희생의 실천이 따르지 않는 그 어떤 대가代價 없이는 모두 허상이다

장성의 아들도 참전하지 않으면 누가 조국을 지키는 전선에 뛰어들려 하겠는가.

지금까지 한국은 잘 버티고 있다.

민초들의 말없는 충성과 희생이 거기 숨 쉬고 있다.

2024. 6. 25.

내게는 이런 의사가 있어 행복하다

– 40여 년의 아름다운 인연因緣

오늘은 좋은 의사 한 분을 말한다. 이분과 나는 지금도 의사와 교수로, 때로는 의사와 환자로 만난다. 참으로 좋은 인연이다. 그래서 대단한 '전문의專門醫' 한 분을 소개하고 싶다.

이제 나도 망구십望九十에 이르는 노인이다. 이 아름다운 인연을 글로 남겨 아이들과 제자들, 후배들에게 전하고 싶은 '작은 뜻'도 숨어 있다.

그는 또한 내게는 전문의專聞醫이기도 하다. '들을 문', 듣는다는 '문聞'자의 문이다. 즉 그는 환자의 얘기나 호소에 귀기울여 경청傾聽하고자 노력하는 의사다. 동양적 미덕東洋的 美德의 의사라는 말이다. 겸손謙遜한 자세는 환자뿐만 아니다. 모든 사람들을 감동시킨다. 요즘 이런 의사는 보기 드문 시절이다. 서울과 지방의 일부 전공의 파업이 아직도 진행형이다. 그들을 바라보는 안타까운 국민들 마음을 전공의들은 헤아리고 있을까?

대학병원이나 상급 병원들의 환자가 붐비는 과科에선 환자 한 사람당 진료에 3분도 다행이다. 코로나 시기엔 아예 환자와의 대진對診을 기피하는 분위기도 없지 않았다. 그래서 내게는 '전문의專聞醫'다. 그는 지금 쟁쟁한 전문의다. 부산 사회나 이 분야에선 잘 알려져 있을 것으로 믿는다.

다른 얘기지만, 비슷한 시기에 주례를 맡았던 한 사람도 간략하게나마 소개하고 싶다. 그는 부산대병원 호흡기내과 알러지(allergys) 전문의다.

두 분 모두 환자를 대하는 자세에서 인간적 심성心性이 느껴진다. 내게는 모두 휴머니스트(humanist)로 읽히기도 한다.

부산성모병원 정형외과 정진규 과장을 처음 만난 건 그의 결혼식이다. 첫 인연이다. 나는 주례 단상에, 그는 한발 아래 신랑석에 섰다. 주례사는 거의 기억에 남아 있지 않지만 한두 줄은 아직도 기억한다.

의사는 환자를 최우선으로 진료한다, 당연하다. 하지만 먼저 '인성'이 앞섰으면 하는 바람이다. 먼저 휴머니스트(humanist)가 되어 달라는 주문이다. 환자가 몰리고 진료 시간에 쫓기는 현실에서는 환자 마음을 우선하기가 쉽지 않다. 내외분이 모두 의료 현장에 있으니 그것 역시 천복天福이 아닐 수 없다. 다시 말하면 하늘이 내린 축복이다. 주례사는 대강 이런 얘기로 기억한다.

아프리카의 성자 얘기도 한 것 같다. 알버트 슈바이처(Albert Schweitzer 1875-1965)라는 독일 출신의 이 의사는 아프리카 람바라네에 병원을 건립한다. 아내는 간호사로 신분이 바뀌고 슈바이처는 의사, 선교사, 신학자, 철학자로서 아내의 조력助力을 받아가며 인류애人類愛를 몸으로 헌신, 실천한 사람이다.

그 후 나는 정진규 과장의 첫 환자가 되었다. 무릎 슬개골을 다쳐 4주 정도 입원, 치료를 받았다. 의사로서 최선을 다하는 모습은 아직도 좋은 기억으로 남아 있다. 그 후 나는 또 병원을 찾아야 했다. 척추 협착이 심해서 환자로서 정형외과를 찾았다. 약을 되도록 저단위로, 또 적게 처방하는 것 같았다. 이것 역시 말처럼 쉽지 않은 '처방'이다. 어느 날 동네병원 전문의한테서 확인했다.

세 번째 큰 인연은 내가 3년 전 경주집에 머물고 있을 때다. 2021년 11월 11일 자정 무렵, 거실에서 침실로 들어가다 벽을 헛짚어서 마루에 세차게 넘어졌다. 아내가 차를 몰고 먼저 경주 동국대 병원으로 갔으나 고관절 수술 의사가 없어 환자를 받을 수 없다는 것이다. 대학병원이라면 최상급, 수련의까지 두는 병원 아닌가. 자그만 도시의 한계인가 보다.

차가운 신새벽에 동국대 병원이 제공한 유료 앰블런스를 타고 부산성모병원으로 달려왔다.

아내가 염치불고 하고 새벽에 정 과장 댁으로 전화했다. 덕분에 미리 준비하고 대기하고 있던 그로부터 오른쪽 고관절 골절수술을 잘 받을 수 있었다. 3-4시간 넘게 걸린 인공관절 교체 수술은 성공적으로 마쳤다고 집도한 바로 그가 말씀한다. 나는 곧바로 병실로 옮겨졌다. 생각해보니 이 얼마나 고마운 일인가. 아내와 내게는 하느님 은총이자 축복이 아닐 수 없다. 함께 지켜본 아내 친구 장행자 화백과 20년지기 김제래 선생도 너무 고맙다. 아무나 할 수 없는 친절, 그 이상이 아닐까 싶다.

그때는 코로나 팬네믹 시기여서 2주가 지나고는 또 다른 병원으로 이송해야 한다는 것이다. 남천동 서호병원에 며칠 머물다 다시 좋은강안병원으로 옮겨졌다. 강안병원 구 이사장과의 친분 덕분인지 가까스로 1인실이나마 구할 수 있었다.

다시 2주 후 성모병원으로 되돌아올 때는 제자 셋이 뒤늦게 소식을 듣고 차를 병원 문 앞에 대기시켜 놓았다. 또

한 번 하늘의 은총을 받았다. 2주 만에 다시 성모병원으로 되돌아온 것이다. 이것이 세 번째 큰 인연이다. 그야말로 It's graceful from Haevens 이다. 하늘이 내려주신 축복이다.

2024년 6월 15일, 이번에는 폐렴 증세로 성모병원에 입원했다. 네 번째다. 앞서 집 근처 해운대 부민병원에서 폐렴 예진豫診을 받았다. 동아대 신경외과장을 역임한 부민병원 명예원장의 호의로 호흡기내과 진료를 받았다.

이번 폐렴증세로 인한 입원에는 성모병원 호흡기내과 과장이 주치의다. 며칠 지나 다시 신경외과로 전과轉科했다.

내가 정 과장을 높이 '평가'하는 건, 아니 높이 받드는 건 환자를 대하는 자세가 한결같다는 것이다. 2024년 6월 15일 입원 후 오늘 7월 14일까지 한 달 동안 하루도 거르지 않고 매일 아침 8시 30분이면 안부를 묻는다. 담당 과장도 아닌데도 말이다.

얼마나 황송한 일인가. 하지만 그가 전해주는 이런저런 자그만 '소식들'은 병원에 있는 내게는 정말 아쉬울 때다. 의사로선 베풀기 어려운 큰 '친절'이 아닐 수 없다.

나는 그의 창창한 앞날을 응원하고 기대한다. 내 핸드폰에 오늘 우연히 'Coming this Fall from Bob Dylan'이라고 하는 팝 가수의 노래가 올라왔다. 나는 이 노래로 정 과장을 힘껏 응원한다.

밥 딜런은 미네소타대학 출신이다. 미네소타는 미국 북부지역 대표 도시다. 공항도 엄청 크다. 나는 1994년 알래스카 사촌동생 집에 가는 길에 미네소타에 중간 정착했다. 추운 지방이라 따뜻한 손길이 필요하다. 아마도 딜런의 노래 배경인지도 모른다.

밥 딜런은 1962년에 발매한 앨범 1집으로 노벨문학상을 받은 사람이다. 대중가수가 노벨문학상을 받은 건 그가 처음이다.

응원가를 'Coming this Fall from Bob Dylan'로 선정한 배경이다. 그를 응원하기 위해 딜런의 앨범 1집 노래를 다시 꼼꼼히 챙겨봤다.

나는 바다처럼 푸르고 넓은 사람이 좋다. 성모병원 앞 용호반 푸른 바다는 탁 트여 태평양을 이룬다. 바다가 되라고 크게 다시 응원한다. 맑은 날은 오륙도가 선명히 보인다. 태평양으로 뻗어나간다. 노벨문학상 수상자 Bob Dylan의 노래가 이 용호만과 성모병원에 펼쳐지길 기대한다.

끝으로 나는 정 과장의 부모님 얘기를 덧붙인다. 우선 나와 연세가 비슷한 그의 부모님께 감사드린다. 두 분은 모두 평생을 교육에 헌신한 분이다. 정 과장의 '오늘'은 부모님의 '집안 가르침'과 남다른 교육 열정이 있었다.

정 과장 내외의 알뜰한 보살핌으로 그의 부모님은 노후가 평안하실 것으로 믿는다. 나는 그 두 분께도 따뜻한 '응원'을 하고 또 응원한다.

2024. 7. 14.

기고문

동아일보 자유언론실천선언 50년, 아들·며느리한테 미안하구나

동아투위 김동현 부위원장으로부터 모처럼 전화가 왔다. “김 선배도 투위 기념문집에 글 하나 보내줬으면 좋겠다”는 연락이다. 난감하다. 막막하기도 하다. 1980년 부마항쟁을 중심으로 몇 자 정리했다.

1974년 이래 50여 년 세월이 흘렀다. 나 혼자만 멀리 부신 외톨이로 지내왔다. 투위를 위해 특별히 기여한 바도 없고, 투위 문집에 대한 기억을 ‘아름답게’ 할 자신은 티끌만큼도 없으니 정말 망설여진다.

그래도 우리 동지들 서로가 알만한 건 함께 나누는 것도 자그만 도리일 것 같다. 그래서 50년 넘게 깎이고 무뎌진 펜을 들기로 마음먹었다. 내 딴엔 조그만 용기다.

1979년 당시 신군부가 권력을 잡고 정권 앞장에 서서 우리 사회를 호령하다시피 했다. 내가 국군보안사 부산지부에 연행된 건 80년 7월 16일이다.

보안사 요원 2명이 학교 수위실로 와서 호출했다. 연구실에서 수위실까지 200m 넘는 길을 내려왔다. 잠깐 가까운 찻집으로 가자고 해서 동대신동 캠퍼스 부근 찻집을 찾았다. 그들은 앉자마자 "거두절미하고, 7월 16일 부산 보안사 지부로 출두하라"는 것이다. 부산 보안사 지부는 망미동 어디쯤에 있었다.

아내는 7월 염천에 보름간 매일 아침 보안사 정문 앞 도로 건너편에 출근했다. 아이들은 이웃 할머니 한분이 돌봐주었다. 얼굴이 새까맣게 타서 기미가 내려앉았다. 아직도 그 흔적이 남아있어 미안한 맘이다.

수사요원들이 수사에 들어가기 전에 신발과 입고 온 옷들을 모두 벗겨내고, 고무신과 병사들 군복으로 갈아입혔다. 육군 중령인가 하는 지부장실로 데리고 갔다.

지부장은 물 한 방울 먹지 않은 고압적 말투고, 그런 자세다.

"당신은 대학 교수니까 실무자들이 조사할 때 예우해주도록 지시했소. 조사관이 묻는 대로 숨기지 말고 대답해주기 바라오."

조사가 시작됐다. 긴장감이 돌았다. 옆방에서 고함소리가 들렸다. 첫째, 당신이 지금 수사 받는 건 지난 날 동아투

위에 기여한 바가 적지 않다는 것, 또 하나는 학생들을 선동해서 데모에 내몰았다는 것이다. 이것은 길게 설명할 필요도 없다. 그들도 알고 있는 사실이었다.

우선 74년 10.24자유언론실천선언에 가담하고 선언서를 양한수 동기와 천관우 주필 댁(불광동)에 직접 전달했다는 것. 천 주필을 부산에 초청, 남포동 제일예식장에서 시국강연회를 했다는 것도 참고했을 것이다.

사실 이 건 때문에 나는 출입처인 국회에서 남산으로 끌려갔다. 내가 동료들과 점심을 먹으려고 국회 문을 나서는데 건장한 요원 4명이 와서 다짜고짜 양옆으로 팔을 끼고 건너편 프레스센터 뒤쪽 다방으로 끌고 갔다. 상관으로 보이는 두 사람이 기다리고 있었다. 아무런 말도 없이 지프차에 꾸겨 넣고, 양 옆 두 팔을 앞으로 내밀게 하고 수갑을 채웠다. 곧장 남산으로 끌고 갔다.

거기엔 이미 양한수 동기와 거구의 천관우 주필이 대기 중이었다. 천 주필은 빨리 조사를 끝내고 돌려보내는 것 같았다. 동아일보 예우를 한 셈이다. 양 동기와 나는 하룻밤 내내 조사를 받고 그날인가 그 다음날 새벽에 '훈방조치' 됐다. 긴 시간 조사받을 내용이 별로 없었다.

두 번째는 내가 가르친 학생들의 보안사 진술 '덕분'을 톡톡히 받은 거 같다. 보안사 요원들이 80년 광주 5.18 전

후해서 부산지역 대학생들을 대거 끌고 가 '강제수사'를 했다. 훗날 나한테 그런 얘기를 해줘서 알았다. 모질게 고문당했다는 것이다. 학생들 '강제수사'는 고문이 엄청 컸다는 말이다.

그런데 학생들을 위해 당장 내가 해줄 수 있는 게 없었다. 내가 학생들을 선동해서 데모에 나서게 했다면 학생들의 죄가 줄어들어야 한다. 그렇다면 내가 차라리 데모했을 것이다. 그런 증후를 조사관은 전혀 내비치지 않았다.

아무튼 보안사 요원들은 학생들 진술을 근거로 내가 받고 있는 혐의를 조사 토대로 만들었다. 수사관이 내게 말한 내용을 요약하면 이렇다. 첫 번째, 강의시간에 신군부정권을 비판하고, 학생 3천여 명이 학교 운동장에 모여 시위에 나서도록 선동했다는 것. 그들 학생들이 남포동, 광복동, 부산역을 거쳐 서면까지 휩쓸었다는 것이다. 이건 사실이다.

그날 자정쯤 범일동에서 서면에 이르기까지, 다시 중앙대로를 둘러봤다. 혹시 부상당한 학생과 연행된 학생들이 있을까 염려됐다. 자갈·모래가 널려 있고 모래가 흩날려 눈물이 났다.

이튿날 학교에 나갔다. 남포동, 광복동 일대에서 경찰과 군인들, 학생들과 일부 시민들 간의 충돌을 둘러싼 흉흉한 소문들이 돌았었다. 나는 학생들과 교직원을 통해서 대강의 사태를 알 수 있었다. 가슴 아픈 사연들을 또 한 번 마음 속에 안아야 하는가 되물었다. 뒤늦은 '회한' 아닌 회한을 곱씹어야 했다.

많은 시민들과 학생들이 적지 않게 연행되어 일부 피를 흘리는 부상 학생들은 영도경찰서 유치장에 유치되어 있었다. 다른 학생들은 중부서와 서부서 등에 갇혀있다는 것이다. 계엄 직전 상황이지만 그들을 찾아보지 않을 수 없었다. 대부분 동아대 학생들이라는 소문을 듣고 교수로서 앉아 있기가 힘들었다. 동료 교수 한 분과 함께 영도경찰서로 갔다. 그는 기독교 장로였으니 마음이 허락했을 것이다. 대부분 교수들은 접근을 꺼리고 심지어 두려워하는 분위기였다.

피를 흘리는 학생들을 비롯해서 많은 학생들과 시민들이 마음을 아프게 했다. 동료 교수와 둘이서 영도경찰서 문을 빠져나와 말없이 부산지방경찰청 앞을 걸었다. 겁이 없었던 건 아니지만 정면 돌파할 수밖에 없는 상황이다. 그는 대연동 집으로 가는 길이고 나는 서면으로 가는 길이다. 그 동료교수는 지금 생각해도 대단한 '용기'다.

나는 혼자서 다시 폐허 같은 부산일보, 남포동, 광복동, 자갈치에 이르는 중앙대로를 걸었다.

며칠 후 데모한 모교 학생 몇 명이 연구실을 찾아왔다. 그와 함께 기관원들의 전화가 자주 걸려왔다. 나는 서울로 가볼까 고심했다. 학생들 구할 길이 있을까 하고. 지인 교수가 당시 교육부장관으로 있었다. 하지만 그 길이 너무 막막해서 일단 발길을 돌려 남천동 집으로 왔다. 우리 아파트 경비실은 지난번 6.3 때 기관원들 2명이 진을 치고 있었기 때문이다. 아이들과 가족 걱정을 안 할 수 없었다.

초등 5년 큰아들, 초등 1년 작은아들에게 설명을 해줘야 한다. 아버지가 집에서 빈둥거리는 모습을 매일 보아야 하니까. 더구나 이번에는 다른 사연으로 '강제해직' 되었다. 그 이유를 알아듣도록 설명하는 일이 만만치 않았다. 그것도 이 시대 아버지의 길이기도 하다면 감수해야지 어쩌겠는가.

나는 많은 친구와 학생들의 걱정에도 불행하게도 끝내 '강제해직' 됐다. 재단 결의를 거쳤으니까 더 이상 무엇을 기대할 처지도 못 되었다. 7월 31일 아침에 소속 박성균 사회대학 학장이 일러준 대로 서대신동 총장 자택을 방문했다.

총장 사모님이 객실로 안내했다. 그러나 총장님은 커피가 다 식도록 말없이 창밖을 내다보고 있다. "보안사에서 전화가 와서 나도 어쩔 수 없네." 나는 대충 마음을 정리하고 있었다. 내 생애에 3번째 밥자리를 뺏기는 지점에 도달했다. 이 시대 다른 아버지의 고통에 비하면 별것도 아닐 수 있다.

사표를 써서 학교에 제출하고 연구실로 돌아와 짐을 쌌다. 뒤늦게 사실을 파악한 학생들이 짐 싸는 걸 도왔다. 학생들 몇 명이 눈물을 쏟았다. 나도 눈시울이 붉어졌다. 총장실로 찾아가 인사하고 나오는데 손현수 학생처장을 보고 가라는 비서실장 전갈이다.

손 처장은 자기 방으로 나를 데리고 갔다. 그는 한참 뜸을 들였다.

"김 교수는 앞으로 학교 근처에도 오지 말고 동료 교수나 학생들은 만날 수 없소. 보안사가 총장실을 거쳐 지시했소."

그 후 무려 4년 6개월 동안 나는 학교 근처에 얼씬도 못하고 사랑하는 재학생 제자들도 만날 수 없었다. 뭣보다 힘든 건 급여가 없어졌다는 것. 아내는 저 아이들 데리고 어떻게 살림을 꾸릴까. 오늘 저녁부터 비상이다.

내가 무슨 천형天刑을 받은 것도 아닌데….

강제해직強制解職, 숙명으로 받아들이기엔 아이들과 아내, 내가 가르친 학생들한테 너무 미안하고 가슴 아프다. 특히 학생들에겐 엄청 큰 아픔을 줬을 것이다. 사회학과와

행정학과 학생들이 더욱 그렇다. 등 두드려 그들 미래를 격려해 주어야 한다.

보안사 지부장 말대로, 나는 동료 교수와 학생들은 일절 볼 수 없다. 동료 교수들은 내가 떠날 때도 볼 수 없었다. 물론 원망하지 않는다.

딱 한 사람, 훗날 총장을 역임한 사회학과 한석정 교수 한 분은 그때도 만났고 지금도 만난다.

무엇보다 나는 바닷가와 기원에만 출입하는 낭인浪人 김삿갓 신세로 떨어졌다. 누가 혹시 밥이나 한 번 먹자고 해도 내가 피해줘야 하는 세상이다. 이런 세상은 내 아이와 학생들 세대엔 절대로 물려줘선 안 된다. 나는 혼자 다짐해 본다.

끝으로 한마디 적지 않을 수 없다. 동아일보 기자 공채 10기 동료들에게 뭐라고 말해야 할지 또 한 번 가슴 먹먹하다. 이참에 사과도 해야 한다. 너무도 오래 만나지 못했었다.

2024. 7. 6.
(동아투위 자유언론실천선언 50년 기념문집 발간 기고문)

제 2 부

시詩

가을

쪽보다 푸른 앞산을
빨강 노랑
연두로 물들이고

느닷없이
집 마당으로 내려와
낙엽을
매몰차게 길가로 휘몰아내고

설거지하는 여인의 소맷자락에 숨어든
그 바람의 정체는 누구인가

하얀 빛이
어둠을 타고 내려와
문풍지를 울리고

창문에 비친 나뭇가지 그늘을 흔들어
내 잠을 깨우는
그림자의 주인은
누구일까
어디로 사라졌나

마루 앞
단풍 한 그루가
짧은 해를 원망하듯
젖은 눈길로 바라본다

석양에
분홍빛 긴 그림자를
만들어 내고 마침내
나그네 길로 접어든다

너,
가을이었구나

2021. 11. 6.

병상일기(1)

사랑으로 남은 사람

입원 8일째
오늘
그렇게 궁금했는데
단 오분 간의 병실 만남

순간 나는 가슴에 전기가 스쳤는지
통증이 아려왔다

수척해진 아내의 얼굴

내 마음에 찬물 몇 방울이 떨어진다

따뜻해지는 눈시울
넓은 병실이 갑자기 좁아져 시선을
멈출 데가 없다.

수없이 지나간 시간 위에
맑은 모습
고운 미소는 떠나지 않고

처마 끝에는
한겨울
찬바람이 일렁이는데
마음결에 부는 봄바람은
그대로다

아
이 얼마나 다행인가

그의 곁에는 언제나
하늘의 사랑이
멈춰 있다

2021. 11. 19.

동지 샛바람

검붉은 팥죽 한 그릇 비우고
바닷가 황토색
길을 걷는다
냉기 없는 겨울바람에
동짓날 칼바람도
스쳐지나간다

바닷새 두 마리가
바람을 뚫고 전봇대에 앉는다

갑자기
내 걸음이 비틀
마음은 실타래

문풍지 바르르 떠는
고향 동짓밤을 소환한다
오늘은 어머니 모시고
팥죽 한 그릇 하고 싶다

2021. 11. 22.

동백꽃의 슬픈 사연

꽃봉오리가
토해내듯
뭉탱이로
떨어지는 꽃

겨울 세찬 바람에
한 계절 내내
시달려도
언제나 꿋꿋하고 정정한 너

푸르름 한 점
뺏기지 않고
온몸으로 버텨낸다

산색도 계절따라
네 번이나 얼굴을
바꾼다

너는 철없이
바다에 대고
웃고만 있구나

2021. 11. 22.

올 가을은 손톱으로 왔다

손톱이 가을이 오는 길목이다
나이 하나 늘었는데
올해 가을은 손톱 밑으로 다가선다

손톱에 금줄이 한두 개 지면서
그 사이로 싸늘한 가을 바람이 들어온다

자연에 부대끼는 몸이
이전의 계절을
다른 곳으로 밀어내고 있다

어느새 장미가시로 날선 손톱
손마저 말을 듣지 않으니 얼굴에 스친 붉은 자국이
잽싸게
겨울을 재촉한다

2022. 9. 16.

동짓날 밤

몇 년을 기다려도
오지 않던 손님
차가운 겨울 길에서
손을 잡는다
대낮에 희끗희끗
구름을 간신히 비껴간
한두 줄 빛 속에서
우리는 서로의 안식처가 되고 싶어
몸부림했다

섣달 스무이틀
새까만 밤에 무거운
외투를 벗어놓고
따뜻한 무명 이불 속에 몸을 담그고
밤늦은 아버지 밥그릇 데우고
감각이 달아나버린 다리를
살려주고 싶었다

칼바람이 전깃줄을 울리고
눈송이가 국화꽃으로 피어나도
오래오래 그 자리서 뜨거운 입김으로 동짓날
긴긴 밤을 우리는 하얗게 지새고 있다

2022. 12. 22.

참기름

설이 다가오면
참기름을 선물로 보내오는
제자가 있다
올해도 어김없다

꼭 제자도 함께 오니
내게는 대단한 사건이다

그새
서른 번도 넘는
설이 지나가도
참기름 사건은 그만둘 생각을 안한다
나는 염치없이
그 세월을
받아내고 있다

참기름은 그냥
명절 선물이 아니다
아득한 고향의 설을 소환한다

어머니는 일꾼들 모시고
인절미 떡국 떡을 빚어내고
읍내로 나가서
참기름을 짜 오셔야
한해 설 채비가 끝난다

참기름은 그래서 우리집 설이다

이맘때면
설을 불러주는 제자들이 적지 않다
나는 늘
빈 손으로
두 명절을 쇤다
참 고맙다
가파른 세상에

오늘도
참기름 두 병이
문 앞에서 방긋
나를 기다린다

2023.1. 21.

어느 도시의 뒷골목

도시의 뒷골목에
희끗한 가로등 불빛이
피곤한 듯
깜박인다

우주가 안고 있는
온갖 사연들이
고개를 든다

등 굽은 할머니 손수레 소리
총기 잃은 할아버지 눈망울이
내려 앉는다

젊은 취객이
쏟아낸 토사물

사랑에 젖은
아주머니의 따스한 손길
아이가 마시다 남은
검붉은 콜라가 끓는
달콤한 소리

이 모든 소음 냄새들을
점점 짙어지는 검은 밤이
하나하나 집어 삼킨다
도시의 밤은
새벽을 향해 달려간다

내일
태양이 솟으면
또 다른 세상이 다가오는 걸
당신은 한껏
알아차리리라

2023. 3. 17.

목련

창문 아래
한 뼘 꽃밭
삼월의 햇볕이 내리쬐면
흙들이 뒤엉켜 몸살을 앓는다.

새순이 흙을
뚫고
하늘로 솟아오른다
생명을 출산하는 산통이
멈추지 않는다.
마른 가지가
몸을 비틀며
기어이 봄을 찾는다.

목련의 탄생이다
잎을 거느리지 않아 안쓰럽다.
찬란한 봄도 한순간
어느새 화사한
꽃잎을 날려버리고
홀로 푸른빛 속살을
드러낸다.

2023. 3. 28.

길

모든 길은
처음 걸어간
사람이 있다
모든 길은
끝이 있다

뒤안길 골목길 고샅길
후밋길 성황당길 에움길
고갯길 큰길 뽀뿌라길
능금길
길은 수없이 많다

때로는 길 위에 길이 있고
길에서 길을
물으며 살아간다

길은
우리의 삶이요
그 삶의 무대다
프랭크 시나트라(Frank Sinatra)의 My Way도 있다

길은
우리가 걸어 다니는 길이 있고
인생길도 있다

뒤안길은 채소를 가꾸고
고샅길은
정겨운 고향길이다
좁디 좁은
골목길이지만
그 길을 또 이어준다

'뽀뿌라(poplar)' 길은
수양버들이 늘어진
그늘 길이다
먼지가 폴폴나는
나의 뽀뿌라 등교길은
언제나
친구들 웃음이 그득하다

일제 강점기의
어두운 그림자가

뽀뿌라의
짙은 그늘에 가려
그땐 역사歷史를 몰랐었지

부산 낙동강변엔
'뽀뿌라 마찌(町)' 길도 있고
철길이 등장했다
뽀뿌라 마찌는
일본 기술자들의 주점 동네다
경부선 철도공사의
애환이 서려있고
그 기차길엔
기적이 길게 운다
도시로 나온 우리 누이들의
슬픈 사연이다

시대의 아픔을
그때는 왜 몰랐을까

길, 거기서
한 생을 이루고

끝내는
그 길에서
종착점을 만난다

길은 자연이고
때로는
삶을 돌아보는 철학이다

2023. 5. 4.

도시는 영원히 잠들지 못한다

아침에 창문을 열면
도시가 먼저
집안으로 뛰어든다

밤새 잠들지 못하고
창문가를 지키고 있는
도시가
몸 전체로
밀고 들어온다
꼭 로마군단처럼

오토바이가
자동차를 몰고 가는지
자동차가 오토바이를
끌고 가는지
굉음이 하늘을 찌른다

가까스로 열어둔 문을 닫아
무서운 소음을 잠재운다

그 피로를 복수하듯

다시 굉음이
울부짖는다

도시는 영원히 잠들지 못한다
내 마음도 안타깝다
도시는 언제
쉴 수 있을까

2023. 10. 6.

은행잎

노란 잎이
너무 곱다
해맑은 천사가 잠시 땅에 내려온 듯하다

누가 이 샛노란 색깔을
빚어낼 수 있을까
미켈란젤로가 환생한들
그려낼 수 있을까

아마도 신이 은행잎 잎에 새긴 가사에
베토벤 곡을 덧입혀
여름내내 땀 흘린
'가을 사람'들에게
베푼 은총이다

아니 파아란 하늘에서 세상을
내려다보는 신이
팍팍한 이 시절을 건너는
'영끌' 젊은이들을 다독이는
가을연가戀歌다

아아
이 늦가을 끝자락
노오란 은행 이파리 너도 가고
빠알간 단풍잎 나도 간다

우리
강남 가는 어느 길목에서 다시 만나지려나

2023. 11.

석남사 여승

석남사 지나 가지산
으악새 우는소리에
등 떠밀려 어느새 산꼭대기

가을바람이
여름을 밀어내고
또 하나의 계절한테
멍석을 깔아준다

석남사 비구니 파란 머리에
가을이 얹혀있다

스님의 가냘픈 손길을
재촉하지 마라
김장독 메주덩이에
숨이 찬다

절집 기왓장에
늦가을 볕이 뜨겁다
스님의 새하얀 손길보다
으악새가
먼저
가을을 데리고 왔다

2023. 11. 11.

목련꽃

아침 잠에서 미처 깨지 못한
목련 꽃 봉오리

새 한 마리가 날아와 꽃술에 입을 맞춘다
꽃술은 수줍은 듯 고개를 돌린다

창문을 여는 소리에
새는 화들짝 놀라 하늘로 솟아 달아나고
그 자리에 다른 새 한 마리가 내려앉는다

놀란 꽃잎이 창문을 밀치고 내게로 뛰어든다

겨울 내내 기다리던 봄은
반나절 만에 내 가슴을 파고 들어온다

이번에는 다른 그리움 한 개가 꽃잎으로 다가와
내 마음을 헤집는다

셀 수도 없는 세월이
어느덧 밤하늘 별이 되어
목련꽃보다 더 진한

그리움으로 다가와
내 가슴을 연다.

여름 가을 겨울을 이겨낸 봄은
그렇게 내 곁에 찾아왔다
나 혼자만 그걸 미처 몰랐다.

2024. 3. 16.

MRI

적막寂寞강산이 바로 여기다
이 세상에 온갖
시끄러운 소리 교묘히 짜깁기한 듯

이건 촬영이 아니라
사람을 내리찍어 누르는
유도의 한판 승부다

사람 혼쭐을 빼놓고는 기계 혼자 웃는다
그래서
AI 시대를 앞당겨
진짜 사람을 조종하고 어디로 몰고 갈 것인가

30분이 아니라 365일도 넘게
사람 몸과 영혼을 대체代替하고도 남는 게 AI다

나는 어디서 뭘
어찌해야 할까
외롭기도 하고 우울하기도 하고 때로는 웃기도 하지만
이제
도度를 넘기고 있다

2024. 6. 23.

용호만

병원 꼬리쯤에
넓은 용호만
짙은 연초록 숲길을 끌어안고
병원 문을 들어선다

병원을
양쪽으로 둘러싸고 있는
병원 안이 보인다
환자들을 맞아주는
어느 다정한 의사 한 분의
손길이 새삼
내 가슴에 얹힌다

군함 두어 척
어선 십여 척
선원들의 손길이 바쁘다
용호만은 한때
나환자들의 천국
이제는 동해 남해를 넘어
한국 바다를 지키는
안보安保 자산이다

수많은 환자들을 돌보는
의사 간호사들
늘 동동걸음이다

사람을 지키는 '안보' 자산이
여기
또하나 숨어있다
St' Marys' Hospital
성聖스러운 어머니 손길로
세운 병원

미국 뉴스위크(News Week)가
'대한민국 최고의 병원'으로
선정한
놀라운 소식이
아직도 숨어있다

2024. 6. 24.

Complain

투정 잔소리쯤으로 번역되겠다.

활동량은 줄어들고 활동 폭은 실개울이다
친구들은 하나 둘 멀어지고
때로는 멀리 가기도 한다

혼자 소리가 방안을 맴돌다
거실로 나오면
거들어 달라는 얘기로 바뀐다
작은 소리 자잘한 소리 잔소리는 갈수록
오염이 짙어진다

젊은이들은 이걸
complain으로 받아들인다

이것저것 해달라는 걸
줄이는 게
잔소리 줄이는 지름길이다

"저기 가는 저 노인
짐 벗어 나를 주오

늙기도 설어라커늘
짐조차 지셨을까"

이쯤이
컴플레인의 레드 라인(red line)-
멈추는 지점(stop spot)이다
그래도 열쇠(솔루션 solution)를
내가 가질 수 있으니
이 얼마나 감사感謝한가

2024. 6. 29.

죽음의 미학–꿈

– Life; No Replay, No Rewind

죽었다 돌아온 경험
누구도 갖고 있지 못하다
가진 적도 없다
죽음 그래서 신비하다

신비를 머금은 땅,
그랜드 캐니언 깊고 긴 계곡
에베레스트 5천m 설산의 선사
나이아가라 폭포
중국 만리장성
융프라우 계곡

죽음은 하늘을
날아 오른다

고등학교 친구가 오늘 아침
보내온 글
Life, No replay-No rewind
꿈이다
죽음의 미학인가

아직도 죽음은 끝나지 않았다
차라리
에베레스트 꼭대기에
잠들어 있는 사람의 삶
그 꿈 찾아 나서자
꿈은 희망이오 기적이다

이 가을 장마가 훤히 거친
찬란한
하늘에
별빛이 보인다

2024. 7. 9.

기적

미국 그랜드 캐니언 계곡
스위스 몽블랑
캄보디아 앙코르 왓트
인도 타지마할
중국 만리장성

세계 7대 불가사의不可思議는
도처에 널려있다

해인사 8만대장경
운주사 해상왕 장보고 유적
강화도 고인돌
한국의 7대 불가사의도
지자체마다 하나다

불가사의만
기적이 아니다
기적은 다른 곳에도 있다

올해 우리 출산율 0.6
기적이다

300조 예산만 꿀꺽하고는
아직도 세계 꼴찌
파리올림픽 금메달감이다

20대 간호사들은 늘
동동걸음
마다하지 않고

대기업 취준생들은
도서관 밤불을 밝히고
새벽이 한밤중이다

대학입시 고지전은
6.25 한국전쟁의
'화살머리' 쟁탈전보다
치열하다

이 찬란한 기록은
학원부자 나라에
'사교육 공화국'을
세워

세계에 수출한다
또하나
효자상품 탄생

이 위대한 공화국에
대통령할 사람이
나타나지 않는 것
또한 기적이다

기적은 물위를
걷는 게 아니구나
내가 지금 여기에
존재하는 것도
기적이다

2024. 7. 31.

무상

구름도 흐르고
물도 흐르고
새들도 흐르고

흐르는 게 어찌
강물 뿐이랴
너도 가고
나도 가고

모두가
세월따라 흐른다

무상無常이고
무상無相이다

오직 최선으로
세월을
붙잡는다

2024. 8. 3.

귀향선歸鄕船

누구에게는 어머니 품으로
돌아가는 길
누군가에겐
죽음을 마주하는 것

9천의 강제 노역자들
어느새 탄광에서
새까만 얼굴이다
어렵사리 고향으로
가는 배를 탄다
비극의 시작인가

도쿄 앞바다
뇌성이 폭발한
후쿠시마 낡은 군함은
이생의 마지막 순간을
폭투한다
그들에겐
해방의 환희도 잠시
어머니 품은 영원한 꿈이런가

구천九千의 고혼들
어머니 찾아 구만리

아직
구천을 떠돈다
바다 아래
깊은 잠에서 깨지 못한다

오백 년 가난을
숙명으로 안겨준
조국도
일본도
이 비극을 건지지 않는다

바다 깊이 그 칠흑 구만리
처절한 울음도 집어삼킨다

9천의 혼령은 또
얼마나 차가울까
몇 년을 기다려야
향수鄕愁의 어머니 품일까

* 후쿠시마 마루(丸)는 해방 직후인 1945년 8월 24일 일본에 끌려간 강제노역자 9천여 명을 도쿄 항에서 태우고 한국으로 출발하자마자 원인모를 폭발로 침몰한 일본 군함이다. 2차대전을 일으킨 일본의 죄상이 밝혀지는 걸 두려워한 일본군 세력의 소행이라는 설도 있다.

제 3부

묵혜 선생과 나

[묵혜 선생과 나]

삶 관조 속 시대적 고뇌 기록하는 노년 시인·수필가 '사가史家의 삶'·'품 넓은 스승'과의 소중한 인연들

차 용 범

(전 부산매일 편집국장, 경성대 커뮤니케이션학부 교수)

묵혜默惠 김민남金敏男 선생님은 동아일보 기자 시절, 유신독재 체제에서 언론자유 수호투쟁으로 축출당한 '해직 기자'다. 동아대 교수 시절, 신군부 독재체제에서 학원 민주화 투쟁으로 축출당한 '해직 교수'다. 그는 동아대 재학 시절 6·3 시위(한일협상 반대운동)로 퇴학당한 적도 있다. 한국 현대사의 엄혹했던 시기, 그는 양심을 걸고 진실을 찾으며 옳고 정의로운 일을 온몸으로 실천해 온 '행동하는 지성인知性人'이다.

선생님은 모교 동아대에서 사회학과·신문방송학과를 개설한 창업 교수다. 사회학·언론학 부문에서 한국 사회변동 및 지역언론 현실을 살핀 탁월한 저작을 남겼고, 언론연구 및 사회단체 활동에도 활발했다. 이른 바, '참여형 지식인'

이다. 그는 남다른 포용력으로 늘 상대를 배려하며 인간에의 굳건한 믿음을 한시도 잃지 않고 살아왔다. 제자들을 열정으로 보살피며, 옳지 않은 일을 고치는 데 엄격했고 고친 뒤에는 관대했으며, 어려울 때는 기댈 언덕을 자임했다. 시대상황 속 민주화운동을 하던 학생을 보살핀 그 넓은 품은 오늘까지 끈끈한 사제관계로 이어지고 있다.

선생님은 대학 정년 후, 삶을 관조하는 시詩와 시대를 관류하는 수필을 쓰며 역사 속의 진실을 깨우치는 '사가史家의 삶'을 살고 있다. 그 시와 수필은 그저 문학 또는 일상의 삶을 묘사하는 것을 넘어, 시사칼럼의 격식에 맞춘 현실비평으로 우뚝하다.

그는 격동의 시기 평탄하지 못한 일상에서, 늘 시대의 아픔을 내 것으로 끌어안으며, 나보다 주변을 배려하는 헌신적 삶을 살았다. 그의 시와 수필에는 민주주의의 역사와 함께 한 발자취가 생생하고 한국 사회를 걱정해 온 뜨거운 열정이 들불 같다. 제1 시집 『마음으로 가는 길』(2017), 제2 시집 『아름다운 인생』(2018)과 제3 시·수필집 『어머니의 강』(2021)을 출간한 데 이어, 이번 시·수필집 『생각이 머무는 순간들』을 묶어낸다.

그는 제2시집 『아름다운 인생』을 펴내며 그의 시를 자평했다. 시라고 하기는 좀 그렇다고, 등단 시인도 아니거니와 시의 형식을 제대로 지키지도 못했다고, 그저 시의 틀을 빌려 험한 시대와 일상적 삶, 살면서 둘러본 역사유적 등을 에둘러 얘기한 것에 지나지 않는다고. 그는 덧붙였다. 다만 이 얘기들이 비슷한 시대를 함께 살아온 제자·후배·후진에게 등불 같은 지표가 되고, 동료에겐 함께 살아온 기록이 되었으면 하는 바람은 갖고 있다고.

그의 시는 크게 세 부류로 나뉜다. 하나는, 그의 시대와 그 보편적 삶이다. '험한 시대 팍팍한 삶'을 키워드 삼아, '가슴 따뜻한 총장', '검거령', '10·24 자유언론실천선언', '보릿고개', '화려한 점심' 같은 시를 쓰며 그 시대를 회상하고 시대적 맥락을 기록하는 것이다. 둘은 자연의 아름다움과 살아가는 이야기, 셋은 살고 일하고 공부하며 둘러본 역사와 유적, 그 나름의 뜻 담아보기다.

그가 시인으로 등단했건, 그 시가 형식을 지켰건, 그건 중요하지 않다. 그는 글을 쓰며 그 글의 선명한 주제만은 놓치지 않고 있기 때문이다. 인간에의 굳건한 믿음과 올바른 역사 인식이 그것이다. 그 글은 예전부터 지금까지, '인간의 가치'와 '역사의 중요성'을 놓치지 않고 있다. 그래서,

그의 수필은 그저 일상을 자유롭게 표현한 '생각이 멈추는 곳'을 넘어, 현실에 두 발을 꿋꿋이 딛고 서서 현실비판 또는 역사비평을 꾀하는 묵중한 시사칼럼이라 해도 좋다.

나는 그분의 현실비평형 수필을 읽으며, 자주 경탄했다. 그 해박한 역사지식과 균형 잡힌 역사인식 때문이다. 그는 일제 강점기에 태어나 소년기를 보낸 경험으로, 획일적 반일反日감정에 침몰하는 대신 현대사 속 한-일관계가 나아가야 할 맥락을 차분하게 짚어낸다. 그는 '박정희 시대'에 대학과 신문사에서 축출당한 경험에도, 그 시대의 과過와 함께 오늘에 기여한 공功을 차근차근 톺아내곤 한다. 과거의 어둠을 딛고 오늘의 밝음을 말하는 그 숙성함을 보기는 그리 쉬울 것인가.

선생님과 나는 성글 수 없는 겹겹의 인연을 갖고 있다. 그는 동아대 법대생으로 동아대학보사 편집국장을 지냈다. 나도 같은 이력을 지녔다. 그는 동아일보에서, 나는 부산일보에서 신문기자로 입신立身했다. 그는 기자 시절 언론자유 수호투쟁에 참여하다 강제해직의 고난을 겪었다. 나는 그 언론자유 수호투쟁과 '동아일보 백지광고 사태' 속에서, 동아일보의 언론자유 투쟁과 그의 복직을 응원하는 동아일보 광고를 게재했다가 학교에서 쫓겨나 한 학기를 지리산 기숡에서 머문 적이 있다.

그런 시대적 흐름을 바탕으로, 나는 일찍부터 선생님과 선-후배 및 스승-제자의 끈끈한 연을 그려온 것이다. 그가 동아대학보사 편집인일 때, 우리는 동아대학보사 기자동문회에서, 회장-총무를 맡아 대학신문 동문회의 부활에 열정을 쏟은 적이 있다. 내가 늦깍이 박사학위 논문을 쓸 때, 그는 논문 심사위원장으로, 나를 응원하는 학문적-인간적 후원자 몫을 다했다.

나는 일선기자 시절 미국 미주리주립대 저널리즘 스쿨에서 장기 연수를 했고, 선생님은 교수 시절 그 곳에서 현장연구를 한 인연도 있다. 내가 시사칼럼집『부산 부산사람 부신시대』와 자전적 평전『기자답게 선비처럼』을 출간할 때, 그는 서평書評과 축하의 말로 나를 격려했다. 그만큼 선생님과 나는 겹겹의 선후배 관계 및 스승과 제자로 얽혀 있다. 참으로 가시 많은 인간관계 속 이런 인연은 그저 흔하겠나?

알고 보면, 선생님은 특유의 인간애와 포용력 위에, 전全방향적 인연을 소중히 하며 오래도록 가꾸고 있다. 그 인연의 더께가 얼마나 넓고 깊은지는 그의 명절맞이 풍경에서 잘 알 수 있다. 세월이 흐르며 대학가의 명절 인사 풍속도 도 많이 달라졌다곤 하지만, 명절을 맞는 그의 집은 늘 스승을 찾아온 제자들로 북적거렸다. 동아대학보사, 신문방송학과, 사회학과, 총학생회, 민주동문회…, 그룹마다 스승을 찾아 떼 지어 몰려들곤 했다.

제자들의 기억에 따르면, 그는 등록금을 내지 못해 제적 위기에 처한 제자와 은행 대출창구에 나란히 앉아 보증서 약서를 쓰고, 제자들의 끼니를 걱정하며 몇 달이고 학생식당의 월식권을 건네주기도 했다. 한 식당과의 약속에 따라, 운동권 제자들이 도피 중 들러 외상 식사를 하고 가면 뒤따라 밥값을 계산하곤 했던 시절도 있다. 그 제자들이 취업 때, 결혼 때, 명절 때 그를 찾아드는 것을 누가 말릴 수 있겠나.

그 만만찮은 인연을 오랜 세월 혼자 감당한 이의자 사모님의 헌신도 기억해야 하리. 선생님도 이 부분을 '끝없는 사랑과 희생'으로 말한 바 있다. "대학 강단 생활을 하면서도 시댁 가족과의 끈을 튼튼히 하는 며느리로서, 또 때로는 나의 '옥(감옥)바라지' 같은 험한 일을 다 해낸 것 같다"고.

안타까운 것은, 이즘 선생님의 정신력은 온전하나, 체력은 전만 못하다는 것이다. 척추 수술의 뒤끝, 낙상사고의 후유증이 만만찮은 것이다. 그래도 그 분은 계속 '생각이 멈추는 순간들'을 즐길 것이다. 언제까지나 오늘의 뜻있는 일상과 끈끈한 인연을 놓치지 않을 것이다. 아무쪼록, 우리의 스승, 우리의 선배, 묵혜 선생님이 오래도록 우리 곁에 머물며, 시대의 기록자로, 삶의 거울로 건승하시기를 기원한다.

[묵혜 선생과 나]

평생 잊지 못할 스승의 제자사랑

박 흥 주
(부산문화 대표)

인생은 만남의 연속입니다. 인생을 논하기엔 아직 젊은 60대 중반의 나이지만 김민남 교수님과의 만남은 나의 인생에 많은 영향을 주었습니다.

검정고시를 통하여 친구들보다 늦게 1981년 동아대학교 사회학과 1회로 입학, 군대를 다녀온 후 복학하여 교수님을 처음 만났습니다.

동아일보에서 해직되셨고, 모교 동문 선배라는 사실에 친근감이 있었지만 당시 근엄하신 교수님의 모습에 가까이 가지 못했습니다.

저의 대학생활은 공부보다는 학생회 행사를 비롯하여 사회생활에 비중을 두었기에, 학교공부는 뒷전이고 각종 아르바이트 등을 통하여 사회인에 가까운 생활을 하게 되었습니다.

1985년 개인적으로 불행한 일이 있었습니다. 물론 모든 책임은 나에게 있었지만, 돌이킬 수 없는 실수로 어렵고 힘든 현실에 놓이게 되었습니다. 신원보증이 없으면 나올 수 없는 영어의 신세에서, 교수님께서 신원보증을 해주셔서 다시금 사회에 복귀를 할 수가 있었습니다.

교수님께서는 사회학과를 떠나 신문방송학과로 가신 후에도 제자 사랑은 끊임없이 이어졌지요. 교수님이 언론홍보대학원장을 하실 때, 저는 동아에이전시라는 인쇄기획사를 운영하였습니다. 홍보물과 인쇄물을 언론홍보대학원에 납품할 수 있게 해주시는 등 저에 대한 각별한 애정과 배려가 넘치셨습니다.

1990년도 제가 힘들고 어려운 해외생활을 하게 될 때에도 귀국하면 항상 교수님을 찾아뵙고 인사를 드렸습니다. 그때마다 교수님께서는 저에게 삶의 용기를 주셨습니다. 그리고 저의 결혼식 주례까지 해주시면서 저의 인생에 많은 도움을 주셨습니다.

지금 하고 있는 클래식 공연은 힘들고 어려운 일이지만, 공연장에 오셔서 항상 격려해주시고 후원자로서 역할을 해 주고 계십니다. 최근 들어 교수님의 건강이 좋지 않아서 공연장에 자주 오시지는 못하시지만 공연이 있는 날은 항상 공연근황을 물으시고 격려해 주십니다.

'사랑의 시초가 관심이라고 합니다.' 교수님의 사랑과 관심으로 저 역시 내년이면 공연 인생 30년을 맞습니다. 30주년 기념공연 때는 교수님을 모시고 멋진 공연으로 교수님의 사랑에 보답 드리고 싶습니다.

20대 중반부터 지금까지 베풀어 주신 교수님의 제자 사랑이 40년의 세월이 지난 지금까지 이어져 오고 있습니다. 저 역시 교수님의 기대를 저버리지 않는 삶을 살도록 노력하겠습니다.

교수님, 감사드리며 건강하십시오.

[묵혜 선생과 나]

기억의 장면들

김 대 경

(동아대 미디어커뮤니케이션학과 교수)

장면1: 동아대 신방과 입학

저의 삶 속에 아직도 기억에 선명한 장면들이 있습니다. 그 당시의 느낌도 아직 마음 한 곁에 남아 있는 것 같습니다. 저는 재수 88학번, 이른바 88서울올림픽 '호돌이' 학번입니다. 1987년 6월 항쟁은 부산학원의 종합반 강의실에서, 서면 뒷골목의 술집에서 최루탄 냄새를 맡으며 경험했습니다.

첫 선명한 기억의 장소는 10월 중순 어느 날 밤에 학원 수업을 마치고 집으로 가는 버스 안이었습니다. 방송 스피커를 통해서 동아대학교에 신문방송학과가 신설된다는 뉴스가 흘러나왔습니다. 마치 운명의 순간이었다고 할까요, 아마도 6월의 민주화 열기 속에서 언론과 민주주의에 대한 막연한 기대감이 있었던 것 같습니다. 그렇게 저는 동아대 신문방송학과에 입학했습니다.

장면2: 김민남 교수님과의 첫 만남

대신동 캠퍼스에서 첫발을 내디딘 날, 조교 선생님의 안내를 받아 수강 신청을 하고 캠퍼스 생활을 시작했습니다. 대강당에서 진행된 입학식에서 총장에게 '충성'이라는 구호를 외치며 군인처럼 거수경례를 했습니다. 지금은 감히 상상도 할 수 없는, 황당한 경험이었지만 그때는 그랬습니다. 5월 광주, 독재 타도, 미 제국주의, 민주정부 수립, 혁명 등 무시무시한(?) 단어가 등장한 총학생회장의 정치연설이 오히려 더욱 놀라웠습니다.

그리고 학과 신설을 주도하신 김민남 교수님을 만났습니다. 짙은 눈썹에 열정적이고 그윽한 눈매를 가지신, 진지한 말씀을 하실 때에는 두 손을 비비면서 양쪽의 볼과 턱수염을 쓰다듬으시는 교수님을…. 그렇게 1기 40명의 새내기는 유일한 학과 지도교수님을 모시고 올림픽과 민주화라는 들뜬 분위기 속에서 똘똘 뭉쳐 대신동과 남포동을 돌아다녔습니다. 지금에야 고백건대, 감히 교수님 수업을 빼먹고 충무동에 영화를 보러 가기도 했습니다. 뒤늦게 반성합니다~.

장면3: 교수님의 국제 편지

당시 시대적 상황을 고려하더라도, 사실 저는 학업에 충실한 학생은 아니었습니다. 학부를 마친 후에 우여곡절 끝에 대학원에 진학했지만, 방황을 거듭하던 저에게 따끔한 지적과 조언을 해주셨습니다. 언론의 역사와 사상, 저널리즘의 민주적 기능과 역할에 대한 큰 가르침 주셨습니다. 교수님의 격려와 지지 덕분에 미국 유학이라는 무모한 도전을 감행할 수 있었습니다.

지금 돌이켜보면 어떻게 했을까? 하는 생각도 들지만, 교수님과 가족 등 많은 분의 도움 덕택에 박사학위를 마치고 미국 북서부의 아이다호주립대학교(Idaho State University)에 조교수로 임용되는 행운을 누리기도 했습니다. 교수님께서 국제전화로 "김 교수, 진짜 영어로 강의하나?" 물으시던 목소리는 아직도 생생하게 기억합니다 ^*^.

임용 후에 학과에서 만들어 준 교수 명함과 마침 출간된 첫 영어 논문(A Victory of the Internet over Mass Media? Examining the Effects of Online Media on Political Attitudes in South Korea, 2006, Asian Journal of Communication)을 인쇄하여 교수님께 보내드렸습니다. 2주 후 교수님께서 손수 꾹꾹 눌러 쓰신 편지가 도착했습니다. 아내와 두 아들이 잠든 후 몰래 몇 번을 계속 읽으며 감사한 마음과 더 열심히 해야겠다고 다짐한 기억이 아직도 선명합니다.

장면4: 언론의 장면들

15년의 미국 생활을 접고 2014년에 가족들을 모두 데리고 귀국했습니다. 주위 가족들의 반대가 꽤 심했습니다만, 두 아들을 미국 사람으로 키우고 싶지 않았고 한국에서 교육과 연구를 계속하고 싶다는 내 생각을 아내가 동의를 해주었습니다. 한국 온 지가 벌써 10년이 되었네요.

그동안 디지털 기술의 발달과 SNS, 스마트폰의 폭발적인 이용과 확산으로 인해 언론산업은 큰 변화와 혁신의 소용돌이 속에서 힘겨운 시간을 보내고 있습니다. 뉴스 생산의 독점적인 지위를 누려왔던 신문과 방송, 즉 레거시 미디어(Legacy Media)의 영향력은 날로 추락하고 있습니다. 이용자들은 알고리즘이 제공하는 뉴스를 선택적으로 소비하고 있으며, 심지어 뉴스를 회피(Avoidance)하는 현상이 일어나고 있죠. 요컨대, 변화된 뉴스의 생산과 유통, 그리고 소비의 과정으로 인해 민주주의 공동체의 핵심적인 요소인 공론장은 황폐해지고 있습니다.

이런 현상을 보면서, 35년 전 구덕골의 작은 강의실에서 40명의 제자에게 뉴스와 저널리즘의 가치를 강변하시던 교수님의 강의 장면을 떠올리게 됩니다. 저 역시 사랑스러운 후배 제자들에게 최선을 다해 교수님의 가르침을 이어가겠습니다. 존경하는 김민남 교수님, 항상 강건하시기를 바랍니다.

| 후원 시 |

어느 고등학교 친구

동강 김 종 규

묵혜 친구야!
저승 가는 길에는
주막酒幕도 없다고 안카더나

저승까지 갈라카몬
우야든동
다리에 심을 올려야제

인자는 동백섬은 언감생심이고
해운대 해수욕장
모래밭 산책도
주저앉는 게 일상이다

아파트 앞 철길에
먼지만 폴폴 한다

2024. 7.

글쓴이의 말

일본의 대중적 국민시인 시바다 도요의 수필집 『약해지지 마』(2013), 미국 패터슨시의 어느 버스기사가 일상의 삶을 그린 시, 나도 이런 시와 수필을 쓰고 싶었습니다. 능력이 따라주지 못해 안타깝지만, 여기서 필筆을 멈추기로 했습니다.

이번 나의 네 번째 수필집은 차용범 편집위원장을 비롯, 성숙희 서구청 서구신문 편집장, 이동균 세종출판사 상무, 박홍주 부산문화 대표, 김대경 동아대 교수, 김태선 삼성생명 전무 등 후배·제자들의 뜻을 모아 발행하기로 했습니다. 다만 팍팍한 세상을 함께 살아가고 있으니 부담은 절대로 주지 않는다는 저자의 제안이 받아들여져 큰 '다행'입니다.

끝으로, 어느 30년 친구의 말로, '나와 관련 있는 모든 인연들'께 고개 숙입니다. "김 교수님은 지금까지의 인생에서 3번이나 '목'이 날아갔소. 거기서 오는 스트레스와 고난은 우리 사회의 엘리트로서 당연히 치르는 대가라 생각하고, 그걸 오히려 누리며 사세요."

오늘 밤 장마가 걷힌 새벽하늘에 빛나는 '샛별' 하나가 내게로 다가온 '행복'입니다. 아내와 아이 둘에게 5년간 안겨준 고통을, 더구나 그때 초등 5년, 초등 1년의 철부지들이 잘 견뎌내며 오늘에 이른 것을 함께 감사합니다.

편집을 이끌어준 차용범 박사를 비롯, 제자·후배들에게는 따로 감사하는 자리가 있으리라 기대합니다. 나에게 남은 세월은 얼마 안 되지만, 통틀어 거기에 '행운'을 담아 제자·후배들에게 드립니다. 늘 보이지 않게 뒷바라지 해주신 김재진 경동건설 회장님, 김준언 동우그룹 회장님, 미국 미주리주립대 언론대학원 장원호 박사님, 신문방송학과 조교 출신 이환석 (주)골드필름 대표이사께도 이 자리를 빌려 깊은 고마움을 선합니다.

2024. 8. 31.

묵혜 김민남金敏男 동아대 명예교수 드림

묵혜 김민남 선생 미수(米壽) 기념문집

생각이 머무는 순간들

초판1쇄 발행 2024년 8월 31일

지 은 이 김민남
펴 낸 이 이길안
펴 낸 곳 세종출판사

주소 부산광역시 중구 흑교로 71번길 12 (보수동2가)
전화 051－463－5898, 253－2213~5
팩스 051－248－4880
전자우편 sjpl5898@daum.net
출판등록 제02-01-96

ISBN 979-11-5979-707-1 03810

정가 15,000원

김민남 Mobile 010–3590–7530